Un été avec Jankélévitch
by Cynthia Fleury

Copyright ⓒ EDITIONS des Equateurs / France Inter (Paris), 2023
Korean Translation Copyright ⓒ Mujintree, 2025
All rights reserved.

This Korean edition was published by arrangement with EDITIONS des Equateurs (Paris) through Bestun Korea Agency Co., Seoul..

이 책의 한국어판 저작권은 베스툰 코리아 에이전시를 통해 저작권자와 독점 계약한 (주)뮤진트리에 있습니다. 저작권법에 의해 한국 내에서 보호를 받는 저작물이므로 무단전재와 무단복제를 금합니다.

# 장켈레비치와 함께하는 여름

*Un été avec Jankélévitch*

신티아 플뢰리
김병욱 옮김

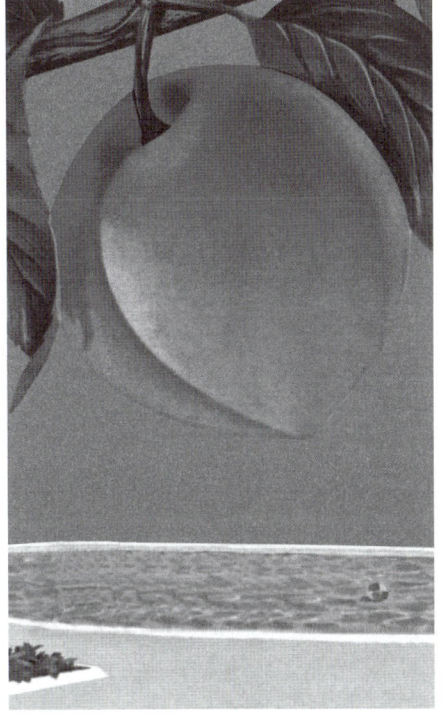

차례

## I. 시간의 사상가
당신의 유일한 봄날 아침을 놓치지 마시라   09
철학은 무엇에 쓰이는가?   13
그는 누구인가?   18
일인칭, 이인칭, 삼인칭의 죽음   22
프리뷜팀   28
향수   32
권태   37
베르그송   42

## II. 덕과 사랑의 사상가
그라시안   53
아이러니 혹은 유머   58
진실과 거짓   63
용기   69
순수한 것과 불순한 것   73
사랑   77
진지함   82
덕에 관한 논고   89
감사   94
정의   99
쾌락   103
오해   108
기관—장애물   112
우정— 루이 보뒥   116

## III. 음악과 뗄 수 없는 철학

"나는 손가락이 없다" 123
리스트의 기교 128
라벨 134
포레 138
눈 위의 발자국 142
뭐라-말할-수-없는-것의 매력 147

## IV. 참여와 역사의 사상가

1968년 5월 155
시효 없는 것 159
용서 163
비아르트 라벨링 168
참여하기 혹은 떠벌리기 173
원願의 의지 178
악惡 183
모험 187
돌이킬 수 없는 것 191
지옥에서 행복한 사람 195
"자유는 아무것도 아니지만… 존재하게 될 것이다" 199
폭력이라는 잘못된 해결책 203

**참고문헌** 207
**옮긴이의 말** 209

- 일러두기

- 이 책은 Cynthia Fleury의 《Un été avec Jankélévitch》(Equateurs, 2023)를 우리말로 옮긴 것이다.
- 본문에 나오는 도서·영화의 제목은 원제목을 번역 표기하는 것을 원칙으로 하되, 국내에 번역 출간 및 소개된 작품은 그 제목을 따랐다.
- 본문 하단의 주註 중 옮긴이의 것은 (—옮긴이)로 표기했다.

# I
# 시간의
# 사상가

# 당신의 유일한 봄날 아침을
# 놓치지 마시라

아마 당신도 이 문구를 들어보았을 것이다. 장켈레비치가 한 말인 줄은 몰랐더라도 말이다. 으레 그렇듯이, 이 문구는 자명함과 수수께끼를 버무리고, 갱생更生뿐만 아니라 소멸消滅을, 은총과 심각성을, 어떤 서정을 부각한다. 사실 이 문구는 지금 당장 행동에 나서라는 초대이다.

"지금이다, 오라![1] 잠시 후면 너무 늦는다. 이 시간은 한순간일 뿐이니까. 바람이 인다, 지금 아니면 영원히 없다. 영원 속의 이 유일한 기회를 놓치지 마시라, 당신의 유일한 봄날 아

---

[1] 오라Hora. 시간을 가리키는 고대 그리스어(ὥρα).(—옮긴이)

침을 놓치지 마시라."

　장켈레비치는 자신의 책 《뭐라-말할-수-없는-것과 거의-아무것도-아닌-것》 제1권을 이 말로 마무리한다. 그때가 1957년, 딸 소피가 네 살 나던 해다. 르네 르 센의 뒤를 이어 소르본 대학의 도덕 및 정치 철학 교수가 된 장켈레비치는 분명 이즈음에 학문적으로 가장 크게 인정받았던 것 같다. 전쟁은 끝났지만, 여전히 저자는 사물들의 취약함과 덧없는 순간들을 의식에 품고 있다. "모든 봄, 모든 여명, 모든 개화開花의 지칠 줄 모르는 되풀이"(《뭐라-말할-수-없는-것과 거의-아무것도-아닌-것》, 제1권 〈양식과 기회〉, p. 147)처럼, 날마다 수행해야 할 일상 윤리에 대한 한결같은 의식을 내면에 간직하고 있다.

　"당신의 유일한 봄날 아침을 놓치지 마시라"는 장켈레비치의 형이상학적이고 도덕적인, 즉 정치적인 철학 전체를 함축한다. 우선, 주체를 불러세우는 외침, 망치지 마시라, 잃어버리지 마시라, 놓치지 마시라는 단호한 명령이 있다. 그리고 상호보완적이고 분리 불가능한 개념들, 즉 되돌릴 수 없음, 순간, *카이로스*라는 신성한 계기 등이 있다. "오라, 지금이다." 지금 여기이지, 내일도 다른 어느 곳도 아니다. 달아날 수 없다, 붙잡아야 한다. 시간보다 더 빨라야 한다. 흘러가는 시간은 되돌릴 수 없기 때문이다. 마지막으로, 시작의 상징이자 "결심의 첫 문턱" 같은 봄이 있다. 우리는 이렇게 말할 수도 있을 것이다. 바로 봄이 장켈레비치의 생의 에너지, 그의 사상 전체에 생기를 불어넣는 베르그송의 본질적 유산이라고. 그의 철학에서는 "에너지의 어떤 감손도 겁낼 필요가 없다. 거의-아무것도-아닌-것은 갱생이 지칠 줄 모르는 것만큼이나 형이상학적으로 무궁무진하고, 어떤 빛의 경이로움을 통해 그것을 엿보는 자는 최초의 인간이 이 세계의 첫봄을 맞이하듯 그것을 맞이한다. 스무 살의 마음과 아침 여덟 시의 천진함으로." 이 봄, 거기에선 용기가 울린다. 나서는 자, 자신을 펼칠 준비가 된 자, 즉 주체의 탄생이 울린다. 영원한 청춘이 울리고, 또한 그 덧없음이 울린다. 봄은 머무르지 않고 여름도 간다. 유일한 매 순간들은 그 순간의 특이성 속으로 사라진다. "그저 그 신비로운 단일성을 생각해 보기만 해도, 심장이 더 강하게, 더 빨리 뛴다."

당신의 심장을 느껴보시라. 봄의 초대에 심장이 더 빨리 뛰는가? 지금까지 우리 간호사들의 선서로 남아 있는, 인류 최초의 의사 히포크라테스의 잠언을 떠올려보시라. "인생은 짧고, 때(기회)는 쏜살같다." 그것이 장켈레비치의 *거의presque*다. "인생은 거의 아무것도 아닌 것"(《같은 책》, p. 146)이요, 무한히 없어져 가는 것이며, 그래서 지체해서는 안 된다. 그래서 우리의 봄날 아침은 언제나 유일하고, 언제나 덧없고, 언제나 *프리뮐팀 primultime*, 즉 처음이자 마지막이다. 때는 되돌릴 수 없기에 쏜살같다.

> *"두 번 다시 없다Never more! 대단히 소중한 이 순간은 우리에게 서정적 취미와 시적 멜랑콜리만 고취하지 않는다. 그것은 우리에게 베풀어진 은총에 대한 겸허한 감사와, 어린 시절이나 우리의 천진함처럼, 이미 우리에게서 빠져나가 두 번 다시 오지 않을 것에 대한 무한한 애정도 불러일으킨다!"*(《같은 책》, p. 145)

## 철학은 무엇에 쓰이는가?

 철학은 무엇에 쓰이는가? 이는 철학자나 젊은 학생에게 제기되는 영원한 물음이다. 마치 이렇게 말하는 것 같다. 그 길로 가지 마. 정말 확실해? "솔직히 말하면 무의미해", 아무짝에도 쓸모없어…. 물론 당신도 잘 안다. 이 헛똑똑이 대화상대가 옳다는 것을, 철학이 쓸모없다는 그의 경고가 타당하다는 것을. 다만 바로 그 쓸모없음이라는, 도구화에 대한 완강한 거부가 중요하다. 이 세상에 있는 것은 모두 뭔가에 쓰이며, 누구도 감히 그 존재 자체만 긍정하지는 않는다. 하지만 철학에는, 인간에게 실제로 유익한 것으로서의 의미, 즉 그의 존재 이유를 실용주의와 타협하지 않고 보존하려는 태도를 보인다는 점에서, *뭔가에 쓰이지 않는 것*

을 존엄성의 개념과 공유하는 측면이 있다. 그리고 철학에는 몸에 깊이 밴 겸손함이 있다. 자기 자신을 문제 삼고, 자신과 자신의 필요성에 의문을 제기하며 평생을 보내는 게 철학이다. 대답해 보시라, 당신은 어떤 이들을 더 좋아하는가? 자신의 유용성을 의심하는 이들인가, 아니면 자신의 성공 수단들을 떠벌리는 자랑꾼들인가? "그렇다, 철학은 자신을 탐구하는 데 시간을 써야 하지만, 이 최초의 탐구 자체가 이미 철학적이다!"(《미완 속 어딘가》, p. 117)

"철학 없이, 음악 없이, 사랑 없이 살 수 있나요?

– 그럼요, 살 수 있죠.

– 뭘 하며 산다는 건가요?

– 캥거루 같은 유대류나 하마처럼 살 수 있죠. 씹어 먹고, 뜯어 먹고, 자고, 여러 가지 신진대사 기능을 수행하죠. 그런 게 사는 거라면 말입니다. 하지만 그건 삶을 위해 삶의 이유를 잃어버리는 겁니다. 삶의 동기는 삶 자체보다 더 중요해요."(〈프랑스 앵테르〉, "라디오스코피", 1979년 10월 8일)

"삶의 동기는 삶 자체보다 더 중요하다"라는 이 주장, 최근에 우리는 코로나 전염병 사태를 겪으며 이를 온몸으로 실감했다. 삶에서 정말 중요한 것은 생물학적인 삶, 생존이 아님을 절실히 깨달았다. 참 역설적이지만, 생물학적인 삶이 꼭 필요하긴 하나, 본질적인 건 아니다. 삶은 인간다운 삶이 가능할 때, 봄을 음미할 수 있을 때 살 만해지기 시작한다. 사유에 대한 접근을 잃어버린 노동 세계에서, 그저 소외로, 자동인형 같은 존재로 그치는 게 아니라, 바로 "철학 하기"를 가능하게 해주는 가치와 행위들로부터 분리되지 않을 때 말이다. 장켈레비치는 이렇게 말한다.

"철학은 물음을 통해 사유할 수 있는 것은 무엇이든, 어떤 대가를 치르든, 그 밑바닥까지 사유하는 것이다. 풀 수 없는 것을 푸는 것, 넘어서기가 절대적으로 불가능해진 순간에 이르러서야 멈추는 것이다."《미완 속 어딘가》, p. 19)

그러므로 철학은 뚜벅뚜벅 나아가고, 포기하지 않고, 끝까지 간다는 의미에서 행동의 여왕이다. 소피스트들이 아무짝에도 쓸모없다고 한 철학은 죽음과 대면할 수 있게 해주고, 죽음의 고뇌를 극복할 수 있게 해준다. 어떻게? 죽음을, 그 끔찍한 현실 그대로가 아니라, 하나의 질문으로, 철학적 문제로 만들기 때문이다. 철학 덕택에, 죽음에 저항하는 뭔가가 존재하게 되며, 그 뭔가가 바로 사유다. 뭐라-말할-수-없는 무엇, 거의-아무것도-아닌 뭔가가, 적어도 짧은 한순간은, 그 매력으로 판을 이길 수 있고, 다음 순간에는 다른 뭔가가 또 그 횃불을 이어받을 것이다.

"저는 죽음의 고뇌를 가져본 적이 없습니다. 제가 이 책을 쓴 건 어떤 고뇌에서 해방되기 위해서가 아닙니다. 그런 생각은 전혀 하지 않아요. 당신도 그런 생각이 들거든 저처럼 죽음에 관한 책을 써보세요. 죽음을 하나의 문제로 만드는 거죠. 요즘 젊은 동료들이 말하듯이, 그것을 문제화하는 겁니다.

- 그러니까 사유할 수 없는 것, 즉 죽음을 사유할 수도 있는 거네요?

- 아뇨, 그것은 사유할 수 없지만 일종의 곡예 같은 거죠. 사유 되지 않는 것을 어떻게 사유할 것인가? 사유할 수 없는 것

을 어떻게 사유할 것인가? 최대한 가까이 다가가 보는 겁니다. 불꽃에 다가가는 나방처럼요 — 여기서 나방은 바로 접니다 —, 결국, 불꽃 안으로 들어가면 날개가 불타버릴 테지만요."(《인식의 새로운 길들》, 2008년 10월 2일)

장켈레비치는 자기 입장을 더 어렵게 만든다. 철학은 아무짝에도 쓸모없을 뿐만 아니라, 우리를 '나방' 같거나, 아니면 곡예사 같은 존재라고 하지 않는가. 철학은 '무지의 학문'(《같은 책》, p. 22~23), 즉 자신이 모른다는 사실을 아는 학문, 조망眺望을 한계 짓는 학문이지만, 철학이 윤리적이고 세계에의 참여를 권하는 이유는, 바로 그렇게 결핍되어서, 자신의 결핍을 너무나 잘 알아서다.

# 그는 누구인가?

블라디미르 장켈레비치는 1903년 8월 31일 프랑스의 부르주에서 러시아계 부모에게서 태어나 1985년에 타계했다. 그의 이름 첫 글자는 'I'가 아니라 'J'이며, 그래서 장켈레비치로 발음해야 한다. 왜냐하면 장켈레비치는 국적이 두 번이나 취소되기 전까지 — 한 번은 1940년 7월에 외국인의 자식이라는 이유로, 또 한 번은 같은 해 11월 유대인이라는 이유로 —, 자신이 프랑스인이라는 사실에 의문을 품은 적이 한 번도 없기 때문이다. 물론 러시아 핏줄이지만, 동화同化 전통에 따라 프랑스인이 된 데 대해서 말이다. 그는 파리 고등사범학교까지 최고의 학교들을 다녔고 철학 교수 자격시험에 우등으로 합격하여, 자신의 바람대로 프랑스 사회에 완벽하게 동화되었다. 1922년에 파리 고등사범학교에 함께 입학한 절친 루이 보뒥과 주고받은 편지에서, 그는 특유의 멜랑콜리와 아이러니가 밴 어조로 이렇게 적는다. 이때가 1940년 12월이다.

"이보게, 난 올해도 리모주에 가기는 글렀어. 며칠 전에 일자리에서 쫓겨난 데다, 지금은 장거리 여행을 떠날 때도 아냐. 조부모님이 불순不純하다는 사실을 알게 되었는데, 내가 어머니 덕에 반은 유대인이거든. 이것만으로도 부족해서, 아버지 덕에는 혼혈 외국인이기도 하다네. 한 사람이 감당하기엔 너무 심하게 불순한 것 같아."《편지로 쓰인 일생》, p. 265)

그 후 장켈레비치는 유대인 배척주의, "거의 동류同類 같은 자에 대한 동류의 불편한 감정"《미완 속 어딘가》, p. 166), 국가의 비열함, 치욕 등을 맛보고, 지하 활동, '별'이나 '오네르'[2] 같은 저항 조직에 참여하여 항독 전사 생활을 경험하기도 한다. 이 시절의 경험 때문에, 그는 독

---

[2] 장-자크 뤼브리나, 《블라디미르 장켈레비치, 거장의 마지막 발자취》, p. 21~22.

일에 대해서는 물론 그가 그토록 사랑한 조국 프랑스에 대해서도 늘 일종의 거리감을 느끼게 된다. 1950년대에는 프랑스의 지적 풍경에 대해 이런 고찰을 흘리기도 한다.

> "이제 프랑스에는 마르크스주의자들, 가톨릭 신자들, 실존주의자들 같은 무리를 위한 자리밖에 없어. 나는 어떤 교구에도 속하지 않아."(《편지로 쓰인 일생》, p. 339~340)

사실 그는 무슨 '주의主義'[3] 같은 것을 누구보다도 끔찍하게 여긴다.

> "그 모든 순응주의 중에서, 반反순응주의야말로 가장 위선적이고 지금 가장 널리 퍼져 있는 순응주의다."[4]

이 '주의들'에 맞서기 위해, 그는 도그마, 이데올로기, 전체주의의 기만적인 위대함의 허울을 벗기는 뭐

---

3 조엘 앙셀, 《블라디미르 장켈레비치, 매혹의 철학》에서 인용.
4 《같은 책》.

라-말할-수-없는-것의 철학을 만들었다. 그의 철학은 그런 '주의들'이 제안하는 굴종과 단절하고서, 어떤 끈, 어떤 꼭대기, 권력도 없지만 소외도 없는 어떤 장소를 편력하는 길을 택했다. 즐겨 그는 아무런 유감 없이, 자신은 21세기를 위해 일한다고 말하곤 했다. 대놓고 그리 말했다. 당시만 해도 그는 거의 읽히지 않는 저자였으며, 생의 만년에 이르러서야 명성을 얻고 "인기 있는" 철학자가 되었다.

루이 보뢱과 주고받은 편지를 보면 그의 영혼에 이는 희미한 파랑波浪, 쓸쓸한 심정을 떨쳐내고 생의 약동을 보존하고자 고심하는 한 러시아 영혼의 자취가 엿보인다. 프라하에서 처음 강단에 섰고, 세계 대전을 전후하여 캉, 리옹, 브장송, 릴, 툴루즈 등지를 전전하던 그는 1953년, 마침내 소르본 대학 대강당에 서게 되고, 학교와 떨어질 수 없게 되어 향후 30년간 머무르게 될 그의 마지막 집을 구하게 된다. 그 모든 파란波瀾에도 불구하고, 그는 학생들을 "내밀한 친구들"이라고 부르며 그들과의 각별한 관계를 앞세웠다.

# 일인칭, 이인칭, 삼인칭의 죽음
## "죽음은 배우는 게 아니다"

죽음은 철학의 핵심 문제다! 장켈레비치는 시간의 철학자이자 성 아우구스티누스와 베르그송의 상속자다. 그의 시간 철학의 핵심에는 여러 등장인물이 출연한다. 우선 순간, 프리뮐팀*primultime*이 있다. 이는 모든 순간의 진실, 즉 모든 순간은 최초이자 최후이고, 다음 순간은 성질이 다른 것임을 가리키기 위해 철학자가 만든 개념이요 멋진 신조어다. 우리의 삶은 일련의 되돌릴 수 없는 순간들의 연속이다. 시간은 언제나 당장當場에 있고, 우리가 공간 속에서처럼 거슬러 올라가거나 되돌아갈 수 없다는 의미에서 그렇다. 그리고 이 '당장'이라는 시간 속에는 널리 알려졌으되 아무도 모르는, 잘 알지만 예견할 수는 없는 한 현상, 즉 죽음이 있다. "죽음은 배우는 게 아니다." 철학을 통해 죽는 법을 배울 수 있다고 떠들어대는 철학들이나 철학자들과는 달리, 장켈레비치는 좀 더 겸손하고 현실적이다. 이 세상에 죽음보다 더 뻔히 예견된 일도 없지만, 우리는 전혀 준비되지 않은 상태에서 죽음을 맞이한다(《미완 속 어딘가》, p. 195~197). 그렇다, 우리는 필연적으로 일어나는 일 때문에도 놀랄 수 있다. 죽는 것만큼 느닷없는 일이 없으며, 위대한 현자도 죽음 앞에서는 어린아이가 되고 가엾은 고아로 남게 된다.

"당신은 철학이 죽음을 배우는 학문이라고 생각하는 철학자 아니신가요?"
- 아, 절대 아닙니다. 우선 저는 여기서 배운다는 말은 정말 아무 의미도 없다는 걸 얘기하는 데 많은 시간을 바쳤다고 생각해요. 배운다는 건 뭔가를 반복하고 점점 더 잘하게 되는 걸 의미하죠. 예를 들어 피아니스트는 나단조 소나타 연주법을 배우고, 바이올리니스트도 그걸 학습하고 반복합니다. 그렇게 해서 나날이 나아지는 것, 배운다는 건 그런 거죠. 하지만 죽는 건 한 번뿐이고, 처음이 곧 마지막입니다. 그러니 배

움이 어디에 있죠? 배운 걸 적용해야 하는 바로 그날, 첫 경험에서 배운 걸 써먹을 다음 경험을 누릴 수 없죠. 우리는 단 한 번 죽으니까요.

- 죽음은 무지의 학문이란 얘긴가요?

- 학문이랄 것도 없죠. 학문이란 깊이 파고 들어가는 거예요. 변증법적으로든 아니면 다른 방식으로든. 한데 죽음은 깊이가 없어요. 예컨대 사랑의 신비 속으로 파고들 듯 죽음 속으로 파고들 수 없어요. 사랑과 죽음은 비슷하면서도 정반대예요. 뭐라 형언할 수 없다는 점에서는 비슷하지만, 사랑은 깊이요 풍요로움입니다. 우리는 그 속으로 파고들고, 끊임없이 새로운 것을 발견하고, 그래서 그것은 말의 구실이 됩니다. 침묵의 구실도 되지만 말의 구실도 되죠. 그것에 대해 우리는 세기를 거듭하며 무한정 얘기하게 됩니다. 인간이 존재하는 한 말이죠. 죽음은 그런 풍요로움과 깊이를 갖고 있지 않아요. 그것은 우리를 침묵하게 합니다. 그래서 나는 종종 사랑과 죽음의 대립을 형언할 수 없는 것ineffable과 말할 수 없는 것indicible의 대립이라고 부릅니다. 사랑은 형언할 수 없는 거고, 죽음은 말할 수 없는 거죠. 형언할 수 없는 것이나 말할 수 없는 것은 둘 다 언어를 얼어붙게 합니다. 사랑은 시적

감흥을 일으키고, 시를 터뜨립니다. 반면 죽음은 사랑과 혼동될 때만 형언할 수 없는 것이 되죠."(《프랑스 앵테르》, "라디오스코피", 1969년 11월 13일)

그렇다고 장켈레비치가 죽음에 대해 아무 말도 하지 않는 건 아니다. 그는 죽음을 삼인칭 단수, 이인칭 단수, 일인칭 단수로 거꾸로 활용한다. 죽음을 다룬 자신의 중심 저작에서는 시조始祖 격 명칭인 삼인칭, 즉 '그'로 특정한다. 그것은 "일반적인 죽음", 매우 이론적이고 추상적으로, 익명으로, 개인과 무관하게 우리와 관계되는 죽음이다. 매일 마주치지만 아무에게도 피해를 주지 않는, 상관없는 죽음, "비非 비극적 객관성의 극치"다. 비극적인 것이 되려면 주관성도 필요하기 때문이다. 그것은 하필이면 그날 "죽음에 당첨된 불운한 주체"의 죽음이다. 이 무관한 죽음과 정반대 것으로, 일인칭의 죽음이 있다. "그것은 나, 죽음이 개인적으로 나의 이름을 부르는 나, 손가락으로 가리켜지는 나, 이웃을 부러운 눈으로 바라볼 여유조차 없이, 소매 잡혀 끌려가는 나의 죽음이다. 이제는 핑계를 댈 수도 없고 유머도 불가능하다. 나중으로 미루는 것도, 구실을 대고 다른 날로 연기하는 것도 불가능하다." 이제 죽음은 얼굴이 있다. 그것은 나의 얼굴이고, 나는 달아날 수 없다. 자기 자신의 죽음은 너무나 고뇌스러워서 태양처럼 정면으로 바라볼 수 없고 내게 뭘 가르쳐주지도 않을 것이다. 나는 죽고 없을 테니까. "내가 있는 곳에는 죽음이 없고, 죽음이 여기 있을 때는 내가 여기에 없다."(《죽음》, p. 24~35)

이것이 최악일까? 전혀 그렇지 않다. 사실, 가장 고통스러운 죽음은 이것이 아니다. 삼인칭과 일인칭 죽음 사이에 또 다른 죽음이 있다. 레비나스라면 *타자의 죽음*이 있다고 했을 테지만, 장켈레비치는 그것을 그저 이인칭 죽음으로 규정한다. 이 죽음의 첫 번째 큰 경험은 부모의 죽음이다. 이는 우리의 죽음과 비非 인칭 죽음 사이의 마지막 '제방'을 없애버린다. '너'의 죽음은 사랑하는 존재의 죽음이며, 사실 "우리는 근친의 죽음을 우리 자신의 죽음처럼 체험한다." '죽다'라는 동사의 직설법 현재와 과거는 이인칭과 삼인칭으로만 활용된다. 일인칭은 '죽다'를 미래형으로만 활용할 수 있다. 죽음의 문턱을 넘을 때, 우리는 "거의 모든" 것을 안다. 다시 말하면, 핵심만 빼고, 알아야 할 모든 걸 안다. 죽어가는 사람은 어떤 메시지도 건네주지 않고, 살아남는 사람들은 아무것도 얻지 못한다. 장켈레비치의 도덕론을 파악하는 데 필요한 또 다른 핵심어로 "돌이킬 수 없는 것"이 있다. 돌이킬 수 없는 것에서 교훈을 얻는 법을 배우는 것도 하나의 예술이다.

# 프리뮐팀

 그의 책이 아닌 다른 어디서도 말해지지 않는 개념들이 있다. 장켈레비치가 이 신조어를 만든 것은 시간과 삶에 대한 자신의 철학에 최대한 가까이 있기 위해서다. '프리뮐팀하다'는 건 순간이 되돌릴 수 없는 것임을 가리킨다. 프리뮐팀primultime이란, 첫prima 순간과 마지막ultima 순간의 혼합이다.

 우리는 무엇보다 먼저, 곧바로 죽음, 탄생을 떠올린다. 그런 사건은 최초로 그리고 단 한 번만 일어난다. 하지만 사실 프리뮐팀은 순간을 가리키는 다른 명칭이다. 순간은 한 번만 돌발하며, 순간들이 반복될 때도 사실은 결코 반복되는 게 아니다. 늘 새로운 순간이 출연出演하며, 그러므로 흘려보낸 모든 순간, 아무것도 하지 않은 모든 순간은 영원히 잃어버린 순간이다. 그 순간은 예전 그대로 돌아오지 않을 것이다.

> "우리가 서로 마주 대하는 다른 아침은 영원히 없을 겁니다. 나는 이런 넥타이를 매고, 당신은 그런 넥타이를 매고, 같은 하늘색, 같은 잿빛 하늘, 같은 기온, 같은 주변 친구들과 함께 있는 다른 어느 아침 말입니다. 이 모든 일은 오직 한 번만 일어나며, 지각되지 않을 뿐, 되돌릴 수 없는 것은 매 순간 늘 있는 거죠. 죽음은 되돌려서 많이 떠들어대는 큰 사건이지만, 돌이킬 수 없는 비극이요 드라마입니다. 그것이 과연 비극인가 하는 의문도 품어볼 수 있겠지만, 모든 문제를 뒤섞지는 맙시다. 죽음은 눈에 띄지 않고 지나가는 일은 아니죠."(〈프랑스 퀼튀르〉, 1973년 10월 1일)

프리밀팀은 순간의 진실, 시간의 진실, 시간의 되돌릴 수 없음, 요컨대 삶의 진실을 나타낸다. 삶은 마치 한순간 살고는, 살아야 할 새로운 순간들에 자리를 내주고 사라지는 수많은 삶으로 이루어진 것 같다. 삶이란 붙들어야 할 기회들, *카이로스*들의 연속일 뿐이다.

그것들은 자기들 속의 신성함을 전율시키기 위해 우리의 참여를 요구한다.

프리뮐팀은 사산死産하는 순간이요, 거의-아무것도-아닌-것, 돌발突發을 기다리는 거의-어떤 것, 소멸하는 출현이다. 이를 장켈레비치는 라틴어 스멜*semel*을 써서 일회성 발생semelfactivité이라고 하는데, 즉, 한 번, 혹은 오직 한 번만 일어나는 것이라는 의미다.

> "되돌릴 수 없음은 생성 변화*devenir*의 극소 세부까지 특징짓는다. 시간적 연속의 무한히 작은 순간들의 지속에 이르기까지. 매우 느린 성숙, 지각할 수 없는 진화, 생성 변화를 구성하는 지하의 갱신은 매 순간 무수한 미세 충동들로 이루어진다." 《되돌릴 수 없는 것과 향수》, p. 51)

이는 곧 우리가 사는 모든 순간이 환상적이라는 뜻일까? 물론 아니지만, 그렇게 될 수도 있다. 그건 오직 우리에게 달려있다. 달리 말하면, 순간의 '되돌릴 수 없음'을 포착하는 것, 시간은 앞으로만 나아간다는 것을 이해하는 것은 우리에게 달려있다.

"두 번째 *반복bis*도 첫 번째만큼이나 일회성 발생이다. 결코 모방적 복제나, 초판의 반복적 재판 같은 게 아니며, 두 번째도 그 자체로 전에 없던 것이요 처음이자 마지막이다."(《같은 책》, p. 57)

순간들은 우리의 심장 박동과 비슷하다. 그것들 각각은 마지막 박동까지 단 한 번만 일어난다. 각자 한정된 수를 가졌으되 개인은 그 정확한 수를 모르지만, 사실은 심장이 한 번 뛸 때마다 박동이 하나씩 줄어든다. 그것들에 대해 우리가 되돌릴 수 있는 것처럼 느끼는 것은 환상일 뿐이다.

# 향수

향수&#37129;&#24833;의 의미, 향수가 의미하는 바를 이해하기 위해서는 장켈레비치를 읽어야 한다. 그것은 우리가 생각하는 향수, 존재했던 과거와의 관계가 아니다. 우리가 반드시 무언가를 경험해야만 향수에 젖을 수 있는 건 아니라고 말할 수도 있을 것이다. 향수란 이제 더는 없는 어느 멋진 시절에 대한 비非동의가 아니라, 되돌릴 수 없는 것에 대한, 흐르는 시간에 대한 비동의다. 향수란 시간의 되돌릴 수 없음에 대한 의식이다. 시간에 대한 모든 의식의 깊은 곳에 어느 정도 이런 고통이 내재해 있는 것은 그래서다.

"그것은 과거 자체라고 할 수 있어요. 진정한 향수는 절대적으로 어떤 당장當場 — 예컨대 내가 강단 생활을 시작했을 때 같은 — 에 대한 향수이고, 내가 가슴 아파하는 건 바로 그 순간에 대해서죠."(《프랑스 퀼튀르》, 1974년 12월 18일)

나는 그 과거 속에서 행복하지 않았지만, 이제 더는 없는 그 시간에 대한 회한을 주체할 수 없다. 그것을 설說로 풀어야 한다면, 분명 우울과 반동의 설이 될 것이다. 그러니 그냥 내버려 두자. 향수를 말하느니 차라리 음악을 들으며, 그것이 미래에 대한 두려움의 다른 이름이 되는 일이 없게 하자. 음악은 고통을 거치지 않고도 시간을 얘기할 줄 안다.

장켈레비치는 향수를 묘사하기 위해 율리시스의 신화적 형상을 이야기한다. 무엇이 율리시스를 여행하게 하는가? 어째서 율리시스의 망명은 돌아오고 나서도 지속되는가? 페넬로페를, 조국을, 자신의 이타카를 그리워할 때, 그는 가슴 저미는 그 아픔에 대해 자신이 무한히 진심이라고 생각하지만, 그의 생각은 틀렸다. 향수에 젖는 데는 원인이 필요하지 않다.

"향수가 불합리한 건 그 원인과 맞지 않기 때문이다. 사실 향수는 원인이 없다. 그 대상이 얼마든지 정반대의 감정을 정당화할 수 있기 때문이다. 향수는 그 자체로 자기 원인의 원인이기 때문이다."(《되돌릴 수 없는 것과 향수》, p. 352)

율리시스가 귀향한 후에는 어떻게 될 것 같은가? 향수는 그 대상, 즉 사랑하는 페넬로페, 왕을 기다리고 있는 이타카, 그리워하던 그 모든 걸 되찾지만, 그렇다고 해서 향수가 사라지는가? 어떻게?

"율리시스는 자신의 본래 자리, 오디세우스의 자리를 되찾았는데도 왜 만족하지 못하는가? (…)식탁에 앉은 율리시스는 음식에 입을 대지 않는다. 그는 산만하고, 몽상에 빠져 있으며, 그의 시선은 부재하고 정신은 다른 데 가 있다. (…)망명 중에, 이 향수병자鄕愁病者는 아내가 정절의 천을 짜는 부부의 집을 그리워했고, 집안일이며 가정의 행복과 조화를 이루는 가정생활을 꿈꾸었다. 하지만 귀향 후에는 다른 무엇보다도 놓친 기회들을 그리워한다(…). 돌아오자마자 율리시스는 마음속으로 이미 다시 떠난 것이다."(《같은 책》, p. 358~359)

사실 이 귀향병歸鄕病은 실망으로 불리며(《같은 책》, p. 360), 향수병자는 아마 실망한 것처럼 보이고자 할 것이다. 왜냐하면 자신이 향수를 느끼는 이유의 진실을 인정하고 싶지 않기 때문이다. 가시지 않는 것, 그에게 씁쓸한 맛을 주는 것, 그것은 바로 흐르는 시간이라는 사실 말이다.

가슴이 아픈 건 우리가 그리워하는 타인이나 우리가 떠나온 어느 고향 섬 때문이 아니다. 인간은 모두 자기도 모르는 망명객이다. 우리가 그리워하는 고향도 유년 시절의 고향이 아니다. 지난날의 그 아이에게 실망하게 될 테니 말이다. 아픈 가슴이 말하는 바는 더는 예전의 우리가 아니라는 슬픔이며, 그때 우리가 어떠했는지는 중요하지 않다. 우리를 가슴 아프게 하는 것은 우리가 무엇이 되었을 거라는 생각, 그때 우리 자신과 삶에 대해 가졌던 생각, 그 허무맹랑한 꿈이다. 사실은 전혀 그렇지 않은데도, 이제 향수와 더불어, 실제로 그렇게 되었을 것 같고 그렇게 실존했을 것만 같은 그 꿈 말이다. 결코 존재한 적이 없는 무언가를 어떻게 존재하게 할 수 있을까? 향수에 젖기만 하면 된다. 분명 그것이 바로 향수가 하는 일, 절대로 되돌릴 수 없는 것에 대한 향수의 보잘것없는 복수다.

# 권태

귀스타브 플로베르와 알베르토 모라비아는 권태를 하나의 문학 장르로 만들다시피 했다. 그들은 권태를 고귀하게 만들었다. 쥘 라포르그와 보들레르는 권태에 시문詩文을 바쳤다. "놈은 야단스러운 몸짓도 큰 소리도 없지만 / 지구를 거뜬히 박살내고, / 하품 한 번으로 온 세상을 삼키리, / 놈은 바로 권태!" 이는 보들레르가 1857년에 출간한 《악의 꽃》(〈독자에게〉)에서 하는 말이다. 온 세상을 삼킨다는 것, 권태를 말하는 완벽한 표현 아닌가. 이 권태에, 장켈레비치도 고상한 철학적 문구를 바쳤다. 그는 권태를 모험, 진지함과 더불어, 세 가지 시간 경험 중 하나로 만들었다. 진지함은 *카이로스*요, 순간의 의미요, 지금 여기다. 모험은 흐르지만 전혀 느껴지지 않는 시간, 직접적으로 움직임이요 공간인 시간 속에서 용해된다. 그리고 권태, 즉 지속을 참고 견딘다는 느낌이 있는데, 이 느낌은 대개 현재형으로 활용되지만, 권태를 아직 맛보지 않고도 권태로워질까 두려워할 수 있고, 지속을 견뎌야 하는 의무 앞에서 몹시 불안해할 수도 있다. 게다가 "너무 행복해서 불안한"(《모험, 권태, 진지함》, p. 91) 경우도 있는데, 불안 거리가 없어서, 근심거리가 없어서, 모험이 없어서, 그리고 감히 덧붙이자면 진지함이 없어서 따분해하는 사람이 그렇다. 그것을 보들레르는 "음울한 무관심"이라고 적었고, 장켈레비치는 "잠자는 절망", "하찮은 불행"으로 해설한다. 권태는 비非대상non-objet인가? 아니면 불가피한 원초적 공허를 경험한다는 의미에서, 형이상학적 문제인가? 권태는, 의식이 뭔가에 사로잡힌다면 그때부터는 이미 권태가 아니다. 의식은 더는 권태로워하지 않는다. "그러므로 권태는 근심의 중단과 공허 속에서 깊어진다."(《같은 책》, p. 101) 일종의 자체적 피로같이, 이미 선이 그어진, 부동처럼 보이는 생성 변화 앞에서의 피로같이.

하지만 아무리 형이상학적일지라도 권태는 하나의 도덕적 현상이다. 장켈레비치는 이를 놓치지 않고 그것을 이타성의 정반대로 만든다. 권태로워하는 자는 사랑하지 않는다. "권태는 의심할 바 없이 이기주의에서 온다. 권태의 근본적인 원인은 메마름이다."(《같은 책》, p. 234) 무엇이 권태를 구제할 수 있을까? 역시 사랑이다. 지성도 그렇다. 둘은 어떤 경우에도, 자신들의 *현미경적*(《같은 책》, p. 169)—둘 다 이 세계의 무한한 잡다함의 베일을 걷어낸다는 의미에서—역량으로, 권태를 구하러 날아온다. 권태는 도덕적 현상에서 다시 인식적으로 취약한, 빈약한 인식론의 징표가 된다. 비록 권태의 실존이, 시간이 끝없이 길게 느껴질 때 같은, 시간의 상대성이라는 이 본질적인 개념을 확고히 해준다고 할지라도 말이다. 권태로워하는 자들, 권태에 의문을 품는 자들이 아니라 권태로워하는 자들은 마음과 정신이 "좁아든" 자들이다.

"제 생각에 시간을 죽이는 건 씁쓸한 뒷맛을 주는 것 같아요. 당신이 그렇게 한 시간 동안 시간을 죽이고 나면, 당신은 위축되고, 늘어지고, 졸아들어, 조금은 스스로를 부끄러워하게 되죠."(〈프랑스 퀼튀르〉, 1979년 3월 20일)

장켈레비치가 생각하기에, 시간을 죽이는 건 못난 짓이다. 시간을 죽일 게 아니라, 그 시간으로 뭔가를 만들어야 한다. 권태에 빠지는 자들은 위험하다. 도덕의 부재가 여기서 시작된다. 세계가 괴로워하고 있고, 할 일이, 바꾸어야 할 일이 태산인데, 축 늘어지는 것 말이다. 한데 못난 사람은 그저 그것만 기다린다. 권태로워하고, 자신의 우울한 일을 의문시하지 않게 해줄 알리바이만 찾으려 든다.

"그 위험, 그가 사는 사회는 그것을 이용하기도 하죠. 사회는 불안한, 위축된 사람이 권태에 빠진다는 걸 알아요. 교육을 통해, 그것이 못난 짓임을 그에게 가르쳐주어야 해요."(〈프랑스 퀼튀르〉, 1979년 3월 20일)

장켈레비치에게 권태는 무책임한 시간 경험을 가리킨다. 철학자 알랭이 썼듯이, 그것은 "형체 없는 악"(《모험, 권태, 진지함》, p. 100)이요, 분명 장켈레비치에게는 그저 악의 앞문이다.

# 베르그송

장켈레비치는 분명 베르그송의 제자였다. 그는 젊은 학생 때인 1923년에 베르그송을 만나고서, 당시의 감동을 친구 루이 보뒥에게 이렇게 말한다.

> "말할 때 허공을 응시하는 동그란 푸른 두 눈동자에, 65세의 나이가 여실한 왜소한 말라깽이(나는 그가 거구일 거라고 믿었다네!)를 상상해 보게. 말은 느리지만(대학교수의 몸에 밴 버릇!) 아주 단순하고 허식이 없어. 얘기 중에 돌연 조바심을 내며, 청중에게 지금 말하는 사람이 바로 베르그송임을 일깨워 주려는 듯한 약간의 이미지는 있지만 말이네. 내가 특히 예민하게 느낀 한 가지는 베르그송이 1911년에 피렌체에서 짐멜[5]을 알게 된 일을 잊을 수 없는 추억으로 간직하고 있다는 거야.

이 두 사람에게서 정말 감동적이고 신성하게 느껴지는 건, 바로 그들이 서로에게 품는 경탄의 마음과 상대방에 관해 얘기할 때 드러내는 감동에 찬 어조라네."(《편지로 쓰인 일생》, p. 81)

1931년, 장켈레비치는 베르그송에 관한 중요한 책을 한 권 출간했고, 베르그송 탄생 100주년이 되는 해인 1959년에 이 책을 다시 손질해서 펴낸다. 그때부터 두 사람은 단지 인간관계만이 아니라, 그들의 작품, 즉 그들의 철학에서도 하나로 연결된다. 한편으로는 시간과 그 되돌릴 수 없음이라는 큰 공통 문제를 중심으로 하는 점에서 그렇고, 다른 한편으로는 베르그송주의가 생명론적 도덕, 생명 철학이라는 점에서 그렇다. 그는 그것을 독단론이 아닌 철학이라고, 생生의 표현할 수 없지만 유일한 유형적有形的 특성에 가장 가까이 있는 철학이라고 생각한다.

"생의 철학자들은 그들의 적수들보다 좀 더 우아한 게이머들

---

**5** Georg Simmel(1858~1918), 독일의 사회학자·철학자.(—옮긴이)

로서, 그들은 형태를 보존하고 (…)주어진 모든 형태를 극복하는 생의 진보를 보존하는데(…), 생의 유일한 형태는 형태를 취하지 않는다는 데 있다. 즉 생은 주어진 모든 형태를 넘어서며 생을 억누르는 형태들 속에 고정될 때는 자기 자신을 부정해 버리는데, 그래서 베르그송은 *활기 잃은 질료는 생의 경쾌한 약동의 부정*이라고 말할 수 있었다."(《같은 책》)

한데 이러한 생의 생기론生氣論은 그 되돌릴 수 없음과 분리될 수 없으며, 그래서 생을 이야기하는 것은 이미 시간을 이야기하는 것이 된다.

"수학자들이 생의 불가역적인 질서를 가역적인 수열과 환위 명제들로 대체한 것은 틀림없이 그런 이유 때문일 것이다. 가역적인 수열은 어떤 끄트머리에서도 붙잡을 수 있는 수열이다. 모든 항이 상호 교환될 수 있고 등가적이고 동질적이기 때문이다. 반면 생의 불가역적인 질서는 대번에 우리를 어떤 기본 항수 같은, 어떤 절대, 즉 그 방향성에 대립시킨다. 생은 한 방향, 어찌할 수 없는 유일한 한 방향이기 때문이다. 생을 옳은 방향으로à l'endroit 붙잡는 방식이 있고, 생을 반대 방향으로à l'envers 붙잡는 방식이 또 있다. 더 이상 우리는 완전히 자유롭게 우리가 원하는 쪽에서 시작할 수 없다."(《앙리 베르그송》, p. 161)

장켈레비치는 이 "당장에à l'endroit"라는 표현을 질리도록 반복한다. 시간 이야기를 하기 위해서다. 시간은 당장에 있다. 인간은 무엇보다 우선 불가역적으로 시간적이며, "시간적 두 발 동물"이다. 아리스토텔레스는 인간을 정치적 동물이라고 했지만, 베르그송과 장켈레비치는 인간을 시간적 동물, 혹은 시간 그 자체의 화신으로 만든다.

"베르그송에게 시간은 인간을 형용하는 한 특성, 예컨대 인간은 웃는 동물이다, 인간은 말하는 동물이다, 인간은 시간적 동물이다, 등과 같은 형용사적 특성이 아닙니다. 시간은 인간의 본질입니다."(〈프랑스 퀼튀르〉, 1966년 1월 14일)

"베르그송의 시간성에는 그런 순수하게 경험적인, 또 순수하게 심리적인 측면과는 다른 뭔가가 있습니다. 베르그송에게 시간은 결코 내 경험의 차원, 이러한 경험들이 전개되는 그런 차원이 아닙니다. 시간은 용기容器, 내 경험들이 담기는 용기가 아닙니다. 시간은 그릇이 아닙니다. 시간은 결코 하나의 그릇이 아닙니다. 추억이 보존되는 일종의 보관소 같은 것도 아닙니다. 뇌를 추억 그릇처럼 여기는 생각에 대한 베르그송의 너무도 단호한 비판은 지속에 대해서도 유효합니다. 뇌가 추억이 보존되는 그릇이 아니듯이, 지속도 과거가 보존될 수 있는 어떤 것, 어떤 차원이나 장소가 아니라는 거죠. 기억 그 자체는 일종의 재창조이기 때문입니다. 시간이 어떤 차원이 아니고 추억이 보존되는 장소가 아니듯이, 또한 시간은 어떤 만화경 같은 변화, 말하자면 어떤 피상적인 변화, 변화하지 않을 어떤 존재의 변화, 실체적인 어떤 존재의 변화가 아닙니다. 시간은 이를테면 털갈이하는 새나, 옷을 갈아입고 가장을 하는 존재 같은 그런 피상적인 변화가 아닐 뿐만 아니라, 늘 동일한 존재로 머무릅니다. 베르그송의 시간의 본성을 잘 이해하려면 별개의 언어를 사용해야 할 것 같습니다. 왜냐하면 시간은 그야말로 형언할 수 없는 것, 시간은 표현할 수 없고, 옮겨적을 수 없는 것인데, 변하는 것을 가리키는 프랑스어는 모두 경험적이고, 피상적이고, 실체론적이니까요. 예를 들면 변한다*changer*는 동사만 해도 그래요. 어떤 사람이 변한다고 하는 건 그가 변하지 않을 수 있기 때문입니다. 양태를 바꾸다*modifier*도 마찬가지예요. 어떤 존재가 변한다는 건 양태를 바꾸는 것, 존재 양태가 변하는 겁니다. 그러니 변화는 곧 양태 상의 변화인데, 실제로는 본질적으로 그 존재는 늘 같은 존재로 머무르죠. 나이가 드는 신사처럼 말입니다. 그는 늘 같은 존재지만 주름이 생기고 형체가 변합니다. 머리카락을 물들이는 부인도 그래요. 머리 색깔을 바꿨으나 그녀는 늘 같은 사람이죠. 한 형태에서 다른 형태로 이동하는 것인 변형이라든가, 한 형상에서 다른 형상으로 산책하는 것인 변모라는 생각 자체, 양태 변화를 가리키는 그리스어 변신이라든가, 신진대사 등등. 이 모든 건 부분 변화, 부분적 변화를 가리키고, 사물들의 껍질에만 영향을 줍니다. 결코 그것들의 실체, 그것들의 본질이 아니라요. 존재 방식들에만 영향을 줄 뿐 그 방식들의 존재에는 영향을 주지 않죠. 베르그송이 일평생 끊임없이 비판했던 하나의 신화랄지 환상, 혹은 우상이 있습니다. 저는 그걸 회고回顧의 우상이라고 부르고 싶어요. 뒤돌아보는 것 말입니다. 사물들에 대한 왜곡된, 전도된 시각이 낳는 모든 환상이 그러한데, 사람들은 그런 회상에 빠져 두 눈을 앞을 보는 대신 과거를 바라보는 데 씁니다. 그러니까 베르그송의 의도는 우리를 다시 우리의 두 발 위에 두는 것, 미래를 바라보게 하는 것, 뒤를 바라보지 않게 하는 겁니다. 뒤돌아보는 것, 그것이 우리에게 자유를 이해하지 못하게 하고, 움직임을 이해하지 못하게 하고, 우리를 마비시키고, 움직이지 못하게 하고, 노예로 만듭니다. 뒤로 향하는 이동은 부정을, 부정성을 낳는 이동입니다. 부정성 그 자체, 그리고 죽음의 부정성, 그것은 바로 인간이 자기 뒤로 던지는 시선이니까요. 사물들을 있는 그대로 두고 긍정하는 대신, 그것들을 자기 앞에서 긍정하는 대신 말입니다."(⟨프랑스 앵테르⟩)

그래서, 베르그송은 '돌발성'에 대한 사유를 통해, 시간과 삶의 현실을 이야기하고 도덕도 이야기한다. 어떤 결정은 자체적으로 시작된다는 의미에서다. "도시의 도덕인 '정태적' 도덕과, '역동적' 도덕 사이에는 어떤 협정, 어떤 타협도 불가하다. 아름다운 점진적 변화를 좋아하는 상식常識"(⟪앙리 베르그송⟫, p. 184)은 모범적인 '점점 더 강하게crescendo'를 원하겠지만, 그럴 일은 전혀 없다. "원하는 것은 원하기만 하면 된다"와 마찬가지로, 베르그송에게 이해한다는 건 곧 행하는 것이요, 창조하고 재창조하는 것이다. 더욱이 이 도덕의 혜택은 점진적이지 않기 때문에, 그것이 바로 결정이기 때문에 존재한다.

> "그러므로 인류를 사랑하기 위해서는, *한계에* 이르기 위해서는 어떤 돌연한 결정, 어떤 전환, 어떤 변환이 필요하다."(《같은 책》, p. 185)

# II

# 덕과 사랑의 사상가

# 그라시안

어떤 저자를 알기 위해서는 그의 주요 개념은 물론 그의 문체를 간파하고 숙지해야 하지만, 작품에는 때로는 보이지 않는, 또 때로는 분명하게 명시된 중추적 요소들, 스승 같은 이름들maîtres noms — 오랫동안 교직에 몸담았고 또 어쩌면 마음속에만 존재했다는 의미에서 — 이 있다. 그래서 나는 이 사상가에게 영감을 주고 그에게 결정적인 영향을 끼친 모든 사람의 이름을 거론했다. 모든 위대한 철학자들이 그렇듯이, 장켈레비치는 그보다 앞선 사상가와 작가, 그리고 음악가 들의 상속자이기도 하다. 그 몇 사람만 꼽자면, 성 아우구스티누스, 앙리 베르그송, 플로티노스, 게오르크 짐멜, 체호프 등이 있고, *발타자르 그라시안*도 예로 들 수 있다. 17세기 초 스페인에서 태어난 이 모랄리스트 화가는 비판적이고 세련된 정신을 지닌 예수회 교도로, 강력한 권력자든 덕이 높은 사람이든 인간의 매너리즘을 누구보다 더 잘 그릴 줄 안다. 장켈레비치의 《덕에 관한 논고》는 그에게 많은 빚을 지고 있으며, 《뭐라-말할-수-없는-것과 거의-아무것도-아닌-것》도 마찬가지다. 왜냐하면 그라시안은 겉모습의 이론가이기 때문이다. 겉모습은 물론 눈속임이지만, 특히 무언가의 존재, 바로 뭐라-말할-수-없는-무언가의 존재를 확인해주는 것이기도 하다. 그는 장켈레비치에게, 이 설명할 수 없는 것, "모든 것 중에서 가장 중요한 건 바로 존재하지 않는 것"(《뭐라-말할-수 없는-것과 거의-아무것도-아닌-것》, p.11)이라는 역설을 파악할 수 있게 해준다. 그라시안은 실체보다는 상황, 사물 자체보다는 양식樣式 혹은 매너manière에 더 관심이 있다. 물론 그저 습관, 자세, 요컨대 매너리즘만을 수집하는 사람이 되어서는 안 될 것이다. 매너는 훨씬 더 방대하고 미묘하며, 흔적 면에서는 눈에 띄지 않는 것, 거의 우아함 그 자체이다. 장켈레비치는 "우리는 처음에는 매너를 추구하지만, 결국은 매너를 만들어 내고 만다"라고 쓴다. 그러므로 그는 그라시안이 완벽하게 묘사한 그 조정 고관들과 같은 부류가 아니며, 그라시안 역시 《엘 크리티콘》이라는, 그 제목에서 이미 의도가 분명히 드러나는 신랄한 저작에서, 그들을 근본적으로 무시하려 한다. 양식 혹은 매너, 이 뭐라-말할-수-없는-것의 다른 이름은 "생성 변화"일 수도 있을 것 같다. "생성 변화란 존재의 파악할 수 없는 존재 방식"이라는 의미에서 말이다.

"나를 싫어하는 사람들은 내가 곡예사라고 말하는데, 이는 그들이 생각하는 것보다 더 옳은 말 같습니다. 무엇보다도 우선 그들이 맞아요. 때(혹은 기회)를 가리켜 "면도날" 같다고 한 이는 선집選集에 들어간 어느 그리스 시인입니다. 철학은 바로 그런 것이죠, 다시 말해 성냥불보다 더 취약한, 증발해 사라지는 것들에 관해 이야기하는 것이 철학입니다."〈프랑스 퀼튀르〉, 1972년 4월 19일)

곡예사 장켈레비치에게는 원망을 모르는, 무섭도록 명철한 그라시안에게서 얻은 지식이 웅크리고 있다.

그는 이 "첨단尖端들의 철학"의 저자이며, 이 철학은 살롱 철학이 아니다. 그것은 전선戰線의 철학이다. 그 첨단들은 1940년에 점령자에게 저항했고 그 앞에서 죽지 않았다. 지나치게 자유롭고 비판적이어서 망명의 시련을 겪은 그라시안처럼, 장켈레비치도 섬세하고 독특한 사상가로 인정받고 사랑받기 전에 해임당하고 배척받았었다.

"뭐라-할-수-없는-것을 논한 모든 사람은 양식의 운동성이나 우아함과의 연관 관계를 강조했다. 발타사르 그라시안은 행동과 행동-방식이 뭐라-말할-수-없는-것에 빚지고 있는 해방된 정신을 느끼게 해주고자, 그것을 '섬세한-공기', '서늘한-공기', '세상의-공기'라고 부른다."

바로 여기에서 장켈레비치에게 소중한 또 다른 한 개념, '매력'이 탄생한다. 얼굴과 거동, 실루엣, 걸음걸이 전체를 구성하는 뭐라 형언할 수 없는 그 무엇. 결코 고정적이 아닌 이 '공기', 그것은 좁은 의미의 겉모습에 속하는 것이 아니라 존재에 속하는 것이다. 혹자는 그것이 영혼에 속하는 것이라고 말할지도 모른다. 아마 그라시안은 그것을 우아함*grâce*, 소탈함이라고 하겠지만, 사실 그것은 삶에 대한 감각의 우아함이다. 장 켈레비치는 이렇게 결론짓는다.

"뭐라-말할-수 없는-것을 발견한 그라시안은 또한 시간적 지연運延을 설교한다. 다른 무엇보다도 '나타나는-존재하지 않는 것'이 철학의 일이라는 점에서, 철학을 뭐라-말할-수 없는-것의 곡예적인 지식처럼 바라볼 수 있지 않을까?"

# 아이러니 혹은 유머

 작품, 사람, 삶은 서로 다르고 독립적이지만, 모든 작품은 작가가 겪은 삶과 시련을 먹고 자란다. 장켈레비치가 소크라테스에서 이오네스코에 이르기까지 철학과 문학의 핵심 개념인 아이러니에 관해 쓰기 시작하는 때는 번개처럼 짧았던 결혼생활을 막 시작한 때다. 그 후 그는 이 결혼에 대해 일절 언급하지 않았고, 뒤이어 평생의 반려자가 될 뤼시엔과 결혼할 때는 더더욱 그렇다. 그러니까 친구 루이 보뢱과 주고받은 편지에서 그가 "아이러니의 형이상학"이라고 표현한 것에 몰두한 때는 바로 젊은 이혼남 시절, 벼락같았을지라도 어쨌든 머리에 큰 타격을 받았던 때다.

 "소크라테스의 아이러니는 질문하는 아이러니다

(…). 소크라테스는 질문을 통해 해체한다."(《아이러니》, p. 10) 그리고 혼돈·부조리·우울 같은 개념들과의 변증법을 통해, 좀 더 현대적인 방식으로 보면, 아이러니는 "뒤집힌 숭고 같은 것, 광기와 지혜 모두에게 등을 돌리는 무한한 부정"이요, "절대가 어떤 찰나의 순간에 실현됨과 동시에 파괴되는 그런 계시에 대한 의식"(《같은 책》, p. 18)이다.

하지만 장켈레비치가 이 미래의 저서를 바로 '유머'라고 부르지 않은 것은 이상하다. 이 책이 아이러니에 관한 책이긴 하지만, 아이러니를 능가하는 유머의 우월성을 논하는 것이기도 하기 때문이다. 물론 아이러니의 가치 역시 누구도 부정하려 들지 않겠지만 말이다.

"저는 특히 아이러니가 매우 독단론적이라고 생각합니다. 아이러니스트는 어떤 진실을 지니고서 당신을 그 진실 쪽으로 이끌죠. 유머도 자신의 진실을 지녔지만, 그것은 헤아릴 수 없는 진실, 무한히 그 실체를 파악할 수 없는 진실이며, 그 진실 자체도 비꼽니다. 아이러니스트는 그렇게 하지 않죠."(《프랑스 앵테르》, 1964년 4월 25일)

사실 아이러니와 유머의 경계는 더러 구멍이 뚫리기도 한다. 그런 다공성의 첫 번째 창조자는 역시 우리가 사랑하는 소크라테스다. "소크라테스의 진리는 무한히 먼 데 있는 것처럼 보이기에 그를 유머리스트로 간주하고 싶은 마음도 들지만", 우리는 그를 아이러니스트라고 부를 수도 있다. 그는 자신이 어디로 가는지 알면서 "바보들을 인도하기 위해 바보 노릇을 하고", "어리석은 상대를 논박"(《미완 속 어딘가》, p. 185)하니 말이다. 그러니까 여기서 유머와 아이러니 사이의 그림이 그려진다. 한편에 겸손하고 곡예적인 유머가 있다. 그것의 "진실은 먼 지평선에" 있는데, 진실에 무관심하다는 의미가 아니라 자신이 진실을 말하는 데에 장애가 있고 부적격함을 명확히 인식하고 있다는 의미에서다. 그리고 다른 한편에 자신감이 넘치고, 이따금 한 발을 풍자에 걸치는, 번뜩이는, 유머보다는 양식樣式을 더 많이 갖춘—유머는 존재 방식과 변화의 방식을 가질 뿐이지만—아이러니가 있다. 어쨌든 좀 더 불순한 아이러니—이 세상의 연극과 거래를 한다는 의미에서—는 권력의 필요성을 알고 규칙들을 안다. 그것들을 존중

하지 않을 수는 있겠지만, 절대 유머의 무한한 방황 속에 빠지지는 않을 것이다. 장켈레비치는 이렇게 쓴다.

"유머러스한 겸손은 모욕당하고 굴욕당한 사람에게 그 굴욕을 극복할 수 있게 해준다. 즉, 가난한 자는 유머 덕에 자신의 가난 속에서도, 자신의 비참 속에서도, 버려진 처지에서도 부자가 되는 것이다. 유대인들에게 유머는 박해자들을 좌절시키는 수단, 차르와 학살자들을 조롱하는 수단이었지만, 그렇다고 어떤 진리에 맞서 다른 진리를 내세운 건 아니었다. 왜냐하면 유머가 그들에게 다른 것, 즉 그들 자신을 조롱하도록 요구했기 때문이다. 전복되고, 가면 벗겨지고, 쫓겨난 우상이 즉각 다른 우상으로 대체되는 일이 없도록."(《같은 책》, p. 187)

그래서 장켈레비치는 고대 그리스의 위대한 인물들은 제쳐놓고, 저 멀리 지평선 속으로 사라지는 방랑자 채플린, 샤를로를 환기한다. 그곳이 바로 진실이 있는, 무한히 먼 곳이다.

"그것은 우리를 길가에 버려둔다. 그것은 우리를, 릴케의 아

름다운 표현을 빌리자면, *미완 속 어딘가*에 버려둔다."(《같은 책》, p. 193)

# 진실과 거짓

그렇다면 장켈레비치는 진실 개념과 어떤 관계를 맺고 있을까? 필시 우리는 《덕에 관한 논고》의 저자가 진실의 열렬한 옹호자요, 칸트주의자요, 그에게 진실은 넘을 수 없는 절대적 명령이라고 생각할 것이다. 하지만 형이상학이든 도덕론이든, 철학에서는 두 개의 큰 진영이 대립한다. 한편에 자신이 진실 가까이에 있다고 믿는 사람들이 있고, 다른 한편에 진실 자체가 아니라 진실의 여러 베일을 인식하는 사람들, 뭐라-말할-수-없는-것과 거의-아무것도-아닌-것을 인식하는 사람들이 있다. 한편에 거짓말은 반드시 진실을 위배하기에, 그리고 특히 거짓말을 옹호해서는 어떤 도덕적 보편성도 옹호할 수 없기에 거짓말을 금지하는 사람들이 있고…, 다른 한편에… 진실을 상황, 맥락, 무언가와의 관계, 지금 여기에서의 책임과 분리하지 않는 사람들이 있다. 진실의 상대성을 옹호해서라기보다는 다만 그 *관련성*, 그것이 이해될 수 있다는 사실, 거짓말하는 행위를 비난하기가 쉽지 않아서, 사람들과 영혼을 구제하는 거짓말이 있다는 사실을 부인하기가 어려워서 말이다.

장켈레비치는 피상적인 진실들에 대해 환상을 품지 않는 이들 중 한 명이다. 그것은 순수한 투명성일 뿐, 결코 형이상학적 진실이나 도덕적 진실이 아닐 것이다.

1979년, 장켈레비치는 도발적으로 여겨질 만큼 명철한 유머 감각으로, 의사들 모임에서 겪었던 일화 하나를 들려준다. 의학적 진실에 논점이 있는 것처럼 보이지만, 사실은 전혀 그렇지 않다. 이 일화에는 진실에 대한 그의 도덕적 개념이 나타난다.

"의사들의 연회에 참석한 적이 있는데, "의료醫療상의 거짓말"이라는 주제가 있어서 제가 그 연회 철학자로 초대받았습니다. 저는 먼저 제가 거짓말을 지지한다는 사실, 의사가 환자에게 진실을 말하지 않는 걸 지지한다는 사실을 그들에게 알려주는 게 저의 의무라고 생각했습니다. 그러자 그들이 이구동성으로 "우리도 그렇습니다"라고 말하더군요."(〈프랑스 앵테르〉, "라디오스코피", 1979년 10월 8일)

그리고 다음 대화에서는, 거짓말할 의무가 레지스탕스―1940년 독일 강점기의 레지스탕스―와, 그리고 도덕적 가치로서의 불순不純에 대한 요구와, 혹은 초超진실, 더 깊고 영원한 진실로서의 사랑과 어떻게 엮이는지 들어보자.

"정치적 행동에 순수함을 불어넣을 방법이 있다면 꼭 좀 우리에게 알려주세요. 제 생각에 그것은 존재하지 않는 관계, 매 순간 새롭게 만들어야 하는 관계인 것 같습니다. 이는 인간이 피 흐르는 상처를 안고, 한 발짝도 앞으로 나아가지 못하는 채, 현기증 나는 여건 속에서 살고 있다는 뜻으로 하는 말이 아닙니다. 그것이 우리에게 매일 같이 부과되는 일이라는 의미로 하는 말입니다. 자체로는 불합리하고 엉성하고 일관성 없는 가치들의 세계와 관계된 것 같으면서도, 다른 한편으로 보면 이성과 논리의 절대적이고 강제적인 요구와 관계된 그런 실천을 해나가기 위해서는 매일 창의성을 발휘해야 한다는 뜻으로 말입니다. 예컨대, 방금 우리가 거짓말을 허용하는 것뿐만 아니라 거짓말을 해야 할 의무가 있다고 말한 것이 그렇습니다. 순수해지는 한 가지 방법이 있다면, 그것은 어느 때라도 진실을 말하는 것입니다. 하지만 여러분은 레지스탕스 시절, 독일 강점기를 살아보지 않았습니다. 저는 여러분이 그 시절을 살아보지 않은 걸 다행으로 여깁니다. 여러분의 옷장에 레지스탕스 대원이 숨어 있는데 독일 경찰이 그를 잡으러 왔다면, 여러분은 진실이라는 이유로 "네, 이 장롱 속에 있어요"라고 말했을까요?

- 천만에요, 그렇게 말하지 않았을 거예요.
- 그렇다면 여러분은 순수하지 않았을 테죠.
- 그렇습니다, 순수하지 않았겠죠. 하지만 어쨌든 좀 더 개인적 추구의 차원에서는 인격상의 조화를 목표로 하는데, 어떻게 양립 불가능한 것들을 화해시킬 수 있죠?
- 그럴 때는 말입니다, 부인. 우리가 할 수 있는 걸 하는 겁니다. 우리는 양립 불가능한 것들을 아마도 극단에 이르러서, 지평선 끝에서 화해시키기도 합니다만, 더러는 화해시킬 수

없을 때도 있습니다. 모든 사람의 이익과 모순된 요구, 모순된 가치들을 다 들어줄 수 없듯이, 또한 진실의 요구와 선의 요구를 완전히 화해시킬 수 없듯이 말입니다."(《프랑스 퀼튀르》, 1978년 6월 7일)

진실은 자명하지 않으며, 때로는 분명하지도 않다. 그렇지 않다면 너무 간단할 것이다. 이를 유감스럽게 여길 수는 있지만, 부인할 수는 없다. 최악의 위험한 도그마들을 받아들일 생각이라면 또 모르겠지만.

장켈레비치는 도덕적 순수주의를 거부한다. 왜냐하면 그것은 부적절하고 전체주의적이며 거짓 정의이기 때문이다. 그렇다, 거짓말은 실존하며, 개탄스럽고 비난받아 마땅하다. 하지만 거짓은 권력과 점령자의 진실, 유력한 진실의 모양새를 취할 수 있다.

"선택적이 아닌, 도를 넘는 진실, 준 영구적인 진실은 사실 우리가 진실에 기대하는 것과 상반된 역할을 할 수도 있다. 그 역할, 효과, 파급력은 기대하던 것과 상반되는 결과를 낳을 수밖에 없을 것이다. 무분별하게 생산된 영구적 진실은 가장

왜곡된 결과를 초래할 것이다."(《도덕 철학》[6])

장켈레비치는 이를 "도덕의 역설론"이라고 부른다. 만약 내가 이 진실은 틀림없는 진실이라고 말한다면, 즉시 그것은 풍선효과처럼 거짓말 편에(《도덕의 역설》, p. 171), 거짓과 악의 편에, 잘해야 기만의 편에 서게 되고, 우리는 도덕에서 "진지한" 모든 것을 지나쳐 버리게 된다.

---

[6] 장-자크 뤼브리나, 《블라디미르 장켈레비치. 거장의 마지막 발자취》, p. 138에서 인용.

# 용기

그의 책 《덕에 관한 논고》(《제1권 《의도의 진지함》, p. 125~136)에서, 이것은 마치 참여의 핵심 가치인 듯 특별한 자리를 차지한다. 이 '이것'은 바로 용기다. 장켈레비치는 용기를 가장 중요한 덕德으로 삼았다. 이것이 있어야 여타 다른 덕도 가능하다. 정의로운 사람이 되고 싶은가? 그러려면 용기가 있어야 한다. 사랑하고 싶은가? 그러려면 용기가 있어야 한다. 이 철학자에게는 용기가 결정적이다. 용기는 주체의 열쇠를 쥐고 있기 때문이다. 용기가 없으면 주체도 없고, 그 자신의 익명 양태인 '우리'만 있을 뿐이다. 누구도 아니고, 아무것도 수행하지 않고, 어떤 책임도 지지 않는 '우리', 비겁함과 무관심과 '체념'의 '우리'만 있을 뿐이다.

'나'가 존재하기 위해서는 용기가 필요하다. 장켈레비치의 언어로 말하자면, 그래야 "용기의 코기토", 즉 도덕적 코기토의 진실을 갖게 된다. 주체가 생겨나려면, 육체의 표면적 외피에 그칠 게 아니라, 영혼과 분리될 수 없어야 하고, 행동에 임해야, 즉시 행동해야 한다고 장켈레비치는 말한다. 지금 여기서 행동에 나설 때, 그렇다, 그럴 때 우리는 주체의 한 작은 끄트머리가 나타나는 걸 보게 될 것이다. 내가 용감하고, 내가 용기를 내기에, 비록 두렵고 낙담할 수도 있지만, 그렇게, 오직 그렇게 해서만 나는 주체가 되기에 이른다.

일상의 삶, 특히 개인의 대체 불가능성을 별로 걱정할 필요가 없는 관료주의적인 삶에서는 해야 할 일을 하는 사람이 베드로든, 바울이든, 야고보든 상관이 없다. "중요한 건 일을 완수하는 것이다." 하지만 장켈레비치의 도덕에서는 전혀 그렇지 않다. 중요한 건 그 일을 하는 사람이 바로 나여야 한다는 것이다. 우리는 상호교환될 수 없는 존재들이다. 만약 우리가 상호교환될 수 있는 존재라면, 우리는 도덕성이나 책임감이라는 관념, 심지어는 주체성이라는 관념도 놓치게 된다.

"그 일을 다른 사람이 했다면 그 일이 완수되었다는 건 그리 중요하지 않다. 내가 내 의무를 다하지 않았다면, 그 임무를 완수한 사람이 내가 아니라면, 그 임무가 수행된 것은 별로 중요하지 않다."(《덕에 관한 논고》, 제1권 《의도의 진지함》, p. 228~229)

누구도 그의 책임을 정당화해 줄 수 없다.

"반드시 해야 할 그 일, 그것을 해야 하는 사람은 나"(《같은 책》, p. 228)여야 한다. 또한 장켈레비치는 여기에 용기에 관한 가장 당혹스러운 진실 하나, 즉 "한 일은 해야 할 일로 남는다"를 덧붙인다. 달리 말하면, 용기는 자본화할 수 없다는 것, 주체가 자신이 한 일에 만족하고 쉴 수 있는 순간은 없다는 것이다. 용기는 과거형으로 활용되지 않는다. 언제나 현재형이다. 따라서 우리는 자신을 용기 있는 사람으로 정의할 수 없다. 당장에, 바로 이 순간에만 그런 사람일 수 있을 뿐, 그다음에는 겸손하고 경계하는 자세로 돌아가야 한다. "한 일은 해야 할 일로 남는다." 분명 바로 이것이 수익성과 투자금 회수, 연금을 좋아하는 현대 사회에서 용기가 호소력이 없는 이유일 것이다. 거기에는 이익이 없으며 이익 극대화는 더더욱 없다. 용감했다고 해서 상장이나 메달, 선의를 얻을 자격이 주어지는 건 아니다. 용기는 당신에게 아무런 자격도 주지 않는다. 주체라는 이 '거의-아무것도-아닌-것', 용기가 없으면 필연적으로 사라질 수밖에 없는 주체가 될 자격은 주겠지만 말이다. 이 주체라는 거의-아무것도-아닌-것이 너무도 신성하고 너무도 소중한 이유는, 그가 일어서면 우리 모두의 영혼이 구제되고, 도시―그리스인들이 말하는 시테Cité―가 구제되기 때문이다. 개인들이 도덕의 회피가 마침내 멈추는 이 '시테'를 건설하는 것은 그들이 자신들의 대체 불가능한 특성을 수행하기 때문이다(《같은 책》, p. 232).

# 순수한 것과 불순한 것

 도덕 철학에서는 종종 두 점근선漸近線이 담론의 방향을 정한다. '순수'를 지향하는 선이 있고, 불순을 지향하는 선이 있다. 만약 우리가 진지하다면, 이 말이 장켈레비치의 철학에서는 대단히 중요하고, 어느 정도 진지한 모든 도덕은 결국 불순한 것이라는 사실을 알기에 하는 말이다. 하지만 순수할 수도 있을 것과의 긴장, 혹은 순수에 너무 협소한 정의를 부여하면서 그것을 포기하지 않으려는 의지는 도덕적 제스처를 구성한다. 그렇기는 하나, 그의 모든 순수 이론에 꼭 필요한 머리말처럼, 장켈레비치에게 "불순한 조부모"가 있었음을 기억하자. 단지 이 이유만으로도 그 사람들, 따라서 우리, 불순한 존재로 낙인찍힌 모든 이들은 이편의 도덕을 뒤엎어야 한다.

"나는 약하고, 무력하고, 버림받은 소수의 편이다. 나는 모두가 잊거나 무시하는 이들, 아무도 옹호하거나 동정하지 않는 사람들 편이다. (…)고백하건대, 나는 다중의 갈채와 비겁자들의 아부가 지지하는, 승자의 대의에는 좀 무관심하다. 유력자들, 강자들, 튼튼한 이들 (…), 이 승자 진영은 우리의 진영이 아니다."(《미완 속 어딘가》, p. 176~177)

"우리가 투쟁 명분으로 앞세우는 모든 대의가 백 퍼센트 완벽하게 순수하지는 않습니다. 표백되거나 정화되지 않았죠. 거기에는 이런저런 저의가 있습니다. 그래서 본의 아니게 누군가의 손에 놀아나곤 합니다. 그렇다면 어떻게 해야 할까요? 아마 우리는 아무것도 하지 않겠다는 결론을 내릴 수도 있겠지만, 저는 그런 결론을 내리지 않습니다."(〈프랑스 퀼튀르〉, 1978년 6월 7일)

장켈레비치는 자신의 책《순수한 것과 불순한 것》의 서문에 이렇게 쓴다.

"나는 순수하다, 나는 순수하다! 고대 이집트의 죽은 자들이 저승길 노자路資처럼 가지고 가던 이 말들, 이 말들은 오히려 어떤 항의, 혹은 법치에 대한 요구와 흡사하다. 즉, 이 말들은 아마 지하 분묘의 미라들을 위해 만들어졌겠지만, 살아있는 사람은 누구도 이 말들을, 당당하게, 발언할 수 없다."(《순수한 것과 불순한 것》, p. 5)

도덕은 기만적일 수 없으며, 그렇지 않으면 자멸한다. 피상적인 도덕은 물론 기만적이지만, 진짜 도덕, 과시할 필요가 없는 도덕, 스스로 도덕이라고 할 필요가 없는 도덕은 어떨까? 순수의 형이상학은 유지될 수 없기에 탈脫 참여의 이론이 되거나, 아니면 과도한 폭력, 파괴, 근절과 맞닿게 된다. 하지만 여기서도 이 형이상학은 유지될 수 없다. 불순한 것이 아니라 불순해질 거라고 믿는 것을 근절한다는 점에서 그렇다. 사실 불순이라는 개념은 어떤 의미도 없다. 그것은 환상화幻想化된 순수의 관점에서만 존재한다. 순수의 환상에서 벗어나면, 불순은 다시 다른 것들 가운데 하나, 다양한 존재 가운데 하나, 많은 차원 가운데 하나, 삶의 다양성을 증언하는 단순한 증거가 된다.

우리는 이렇듯 불순을 구제했는데 순수도 구제할 수 있을까? 순수주의를 희화화하는 일 없이? 물론이다. 순간, 프리뮐팀, 봄, 매력, 나타나며-사라지는 것 등, 장켈레비치의 철학을 이루는 모든 것, 즉 "뭐라-말할-수-없는-것"과 "거의-아무것도-아닌-것"이 있지 않은가…. 순수가 이것, 즉 거의-아무것도-아닌-것이라면, 어떤 전체가 아니라면, 순수도 당연히 가능하지 않겠는가. 어느 순간에, 어느 봄에, 어느 봄날의 유일한 아침에 말이다. 사람은 모두 "떠나가는 자"가 될 때 순수해진다. 장켈레비치는 순수를 말하기 위해 혈통증명서나, 영혼 혹은 지성의 증거를 찾아가지 않는다. 인간이 실현할 수 있는 유일한 순수성인 사랑을 찾아간다. 순수는 "운동이요 비非 실체"(《같은 책》, p. 299)다. 떠나가는 자는 존재할 시간도 소유할 시간도 없고, 행동은 우리의 천진함을 회복시키며(《같은 책》, p. 305), 이 여정, 이 모험 속에서, 순수와 불순은 도덕적 긴장을 엮어내며 우리의 가치들을 인도한다.

# 사랑

장켈레비치에게 사랑은 결코 단순한 감정이 아니다. 그것은 도덕의 다른 이름이다. 그것은 소위 덕德이라고 하는 것들이 스스로를 덕이라 여기지 않고, 허영에 빠지지 않고, 계속 사랑하는 것으로 남을 수 있게 해주는 최고의 덕이다. 우리 자신과 타인을 미워하도록 부추기는 덕이 무슨 소용 있겠는가? 그러므로 덕에 관한 모든 논고는 사랑에 관한 논고다. 사랑이 경이로운 건 지침서가 전혀 필요하지 않다는 것이다. 아마 이는 틀림없이 도덕에도 적용될 것이다. 도덕이 무엇인지 이해하려면 행동하고 앞으로 나아가야 한다는 의미에서 말이다.

"사랑은 배움이 아니라 만남입니다. 누구나 1/4초 만에 사랑을 배웁니다. 스탕달이 사랑에 관한 자신의 책에서 사랑을 첫눈에 반하는 거라고 한 건 꽤 유명하죠. 그러니까 그건 조금씩 배워나가는 게 아닙니다. 이를테면 지침서를 보고 열심히 공부하지 않아도 됩니다. 브리지 게임은 지침서를 열심히 공부해야 하고, 대수학도 배워야 하는 거지만, 사랑은 누구나 순식간에 배웁니다."(〈프랑스 퀼튀르〉, 1972년 1월 1일)

사랑은 순간의 미덕, 만남이다. 지하철을 나서다가, 쿵!, 사랑을 만난다, 그것은 경이로운 사건이며, 나를 완벽하게 만든다. 적어도 연인의 눈에는 그렇다. 사랑, 사랑하는 덕, 기독교인들이 애덕愛德이라 부르는 것, 그것에는 기복이 있고, 간헐적이고, 메마름도 있고, 지그재그도 있다. 그것은 일상의 한 상태가 아니라 전환의 질서에 속한다. 그것은 방출된다. 사랑은 누군가와의 관계, 자아-외적-존재(hors-soi)와의 관계로만 존재하며, 존재 자체의 완전성에 달린 게 아니다. 그것은 타자와의 관계, 타자성에 대한 의식에서 탄생한다. "우정은, 습관과 성찰의 영향을 받아 시간이 지나면서 점차 뿌리를 내리는 확신과 마찬가지로, 여러 이유에 따라 변증법적으로 강화되지만(…), 사랑은 갑작스러운 열망에 따라, 갑자기 탄생한다(…). 사랑은 자체적으로 시작된다."(《덕에 관한 논고》, 제2권 《덕과 사랑》, p. 231)

그래서, 사랑은 순수한가, 불순한가? 사랑이 덕 중의 덕이라면, 그것이 꼭 순수해서 그럴까?

"경험적으로 우리는 타인을 언제나 불순한 사랑으로 사랑합니다. 그(혹은 그녀)이기 때문이 아니라 다른 이유가 있어서 말입니다. 하지만 그런 극단의 사랑이 존재한다는 생각마저 하지 못하는 건 아닙니다. 몽테뉴가 라보에시와의 우정을 이야기할 때 떠올린 생각이 그렇습니다. "왜냐하면 그니까, 왜냐하면 나니까"라는 생각 말입니다. 어느 연인이 "당신은 왜 그 여자를 사랑하시나요?"라는 물음에 대답할 때도 그렇습니다. 다른 사람들은 그 여자의 아름다움이나 매력에 무감각하지만, 그는 그녀를 사랑합니다. 그래서 그는 이렇게 대답하죠. "왜냐하면 그(혹은 그녀)니까요, 왜냐하면 나니까요"라고."(〈프랑스 퀼튀르〉, 1972년 1월 3일).

사실, 사랑이 순수한 건 바로 현실과 사람들을 만나기 때문이다. 사랑은 자기 자신이 아닌 다른 것에 자신을 묶는다. 사랑 그 자체가 목적인 사람들은 사랑이 뭔지도 모르고 떠들어댄다. 타인이 아니라 사랑이라는 관념을 사랑하는 사람들은 애덕愛德이 없다. 그것은 말뿐인 사랑이요, 프랑수아 드 살이 말했듯이, 그것은 정신적 탐욕이다. 그런 사랑은 사실 우리의 아름다운 영혼을 찬미하기 위한 자기애적 구실일 뿐이다. 장켈레비치는 직업적 자선가들을 경계한다.

"하느님의 사랑이 사람들을 사랑하지 않는 데 쓰인다면, 차라리 악마를 사랑하자! 창문을 통해서 사랑하듯 하느님을 통해서 인간을 사랑해서는 안 되며, 영광스럽고 간접적이고 신비적인 박애를 인정해서도 안 된다. 사실 그것은 매우 기계적인 하느님 사랑에 불과할 것이다. 하느님의 우리 형제, 즉 그냥 우리 형제는 직접적이고 자체적으로 사랑받기를 원한다. 우회나 에두름 없이, 매개나 굴절 없이 말이다." (《덕에 관한 논고》, 제2권, p. 209)

잘 알아들으셨는가…. 여러분은 왜 그를 좋아하느냐는 물음에 몽테뉴가 한 대답, "왜냐하면 다른 사람이 아니라 바로 그 사람이니까"를 들었다. 사랑은 직진한다(《같은 책》, p. 210). 자석에 끌리듯 타인에게 끌린다. 예뻐서 여자를 사랑하는 게 아니다. 그건 터무니없다. 뭐라고? 애교점 때문에 누군가를 사랑한다고? 정말이지 그건 사랑이 아니다…. 아니면 여기서도 역시 아름다움의 정의를 바꾸어, 그것을 매력으로, 뭐라-말할-수-없는-것과 거의-아무것도-아닌-것으로 대체한다면 모를까. 그렇다, 그렇게 한다면, 의심의 여지 없이, 그건 분명 사랑이다.

"사랑하는 이유가 아무리 분명하더라도, 우리는 오로지 말의 밤 속에서만 사랑할 뿐이다."(《같은 책》, p. 211)

그러니 닥치고 사랑하자. 음악이 함께하면 더욱 좋을 것이다.

# 진지함

 장켈레비치에게 '진지함'은 그의 도덕 철학, 나아가 그의 삶을 가장 잘 나타내는 형용사다. 그는 독일 강점기 동안 '유대인'이라는 신분 때문에 강요된 지하 활동의 시련을 겪은 사람이다. 그것은 진지함의 정신, 자신을 진지하게 여기는 사람과는 정반대다. 진지함은 책임감이요, 행동이다. "비극적일 필요는 없다, 진지하기만 하면 된다." 1950년, 장켈레비치는 미국 유대인 위원회에서 발행한 〈증거〉라는 아름다운 이름의 월간지에서 유대인과 진지함을 이렇게 연결 짓는다.

 "1940~1944년 동안 프랑스에서 아무 일도 일어나지 않았다고 생각할 수 있는 프랑스 유대인은 없다. 당시 유대인으로 산다는 건 의무적인 저항을 의미했고, 거의 대부분에게 그것은 곧 지하 활동을, 비좁고 위험하고 불확실한 삶을 의미했다. (…) 진지함의 요소가 극도의 긴장 상태에 이르러 있었다."《레지스탕스의 정신》

그러니까 진지함이란 인간을 저항해야 할 의무에 연결하는 것이다. 현실에 맞서지 않을 수 없게 하고, 책임으로부터의 도피를 거부하게 하는 것에 말이다. 그렇다고 과장할 필요는 없다. 그러면 에너지 낭비가 너무 심하고, 그럴 에너지는 턱없이 부족하다. 비극적 시기에는 행동이 단호하고 절제되어야 한다. 비극적이거나 숭고할 필요는 없다. 진지한 모습을 보여주기만 하면 된다. 순간이 '진지한' 건 유일하기 때문이다. 그것은 당장, 지금 여기에 있으며, '나중에'라고 말하고 다른 볼일을 보러 갈 수 없다. 그러므로 진지함은 신조dogme의 역逆이다. 진지함은 시간과의 관계이다. 시간의 '되돌릴 수 없음'과의 관계요, 책임 있는 사건으로 만들기 위해 붙잡아야 하는 순간과의 관계다. 지금, 즉시이기 때문에 진지하다.

또한 항상 무언가가 남아 있고 결핍이 있기에, "잘 끝났어"라고 생각하며 자축할 수 없기에 "진지"하다.

> "끝난 게 결코 끝난 게 아니다. 이미 끝난 것이 아직 끝나지 않았다! 이루어진 일은 점차 해체되며, 그러므로 그것은 '이루어지는 것'임과 동시에 '해체되는 것'이다."(《덕에 관한 논고》, 제1권《의도의 진지함》, p. 128)

진지함은 잠을 자지 않아야 한다는 뜻이다. 흥분해 안절부절못해서도 안 된다. 자신을 절약할 줄 알아야 한다. 휴식이 정말로 존재하지 않기 때문이다. 선善이라는 개념에 가치가 있다면, 그것은 *이루어지고 있다*는, 실행 중이라는 조건으로만 존재하기 때문이다.

마지막으로는, 불가능하다고 하소연할 필요가 전혀 없기에 진지하다. 특히 그래서는 안 된다. 불가능한 일이라면, 우리는 그것을 하지 않을 핑계부터 찾기 시작한다. 그러지 않고, 우리가 할 수 있는 모든 일을 발뺌하지 않고 한다면 이미 우리는 진지한 것이고, 자신이 하는 일을 실제로 수행하는 것, 그것만으로도 이미 엄청난 것이다. 그런 것이 의무의 각박한 측면이다. 이는 불가능한 것이 전혀 아니다. 이는 규율의 문제, 결단의 문제, 진지함의 문제, 단순한 의욕의 문제다.

그래서 장켈레비치에게는 "진지함의 결여"가 최고의 모욕이다. 그의 경멸과 비난을 이보다 더 격렬하게 표현할 수는 없다. 진지하지 않다는 건 뭔가? 그것은 불성실이요, 겸손 부족이요, 자비의 부재요, 무관심이다. 그리고 다른 무엇보다도, 진지하지 않은 사람들은 말만 할 뿐 행동하지 않는 사람들이다. 철학은 '말'이 아니라 바로 '행동'이라는 것을 잊지 마시라. 철학을 한다는 것에 대해, 장켈레비치는 끊임없이 되풀이한다. 그것은 협잡의, 사기의, 궤변의 차원을 떠나는 것이다. 그저 현재에, 능동적으로, 준비해서, 해야 할 일을 할 준비를 해서 이 세계에 임하는 것이다. 더욱이 이 '진지함'은 종종 뭐든 '예'라고 말하도록 음모를 꾸미는 이 세계에서 '아니오'라고 말하는 것으로 시작된다. 다른 사람들은 분개하라고 말할지도 모른다. 하지만 장켈레비치는 여기서도 역시, 좀 덜 거창한 표현을 선호한다. 동의하지 않는 것, 그뿐이다.

"더는 아니라는 말을 내뱉어 우리의 삶을 위태롭게 하지 맙시다. 아니라고 말할 수 있음은 도덕적 양심의 형태 자체입니다."(〈프랑스 퀼튀르〉, 1968년 4월 22일)

"진지함에 대해, 제가 "진지하다"라는 말에 부여하는 의미에 맞게, 제가 제대로 대답해야 하는 건지 잘 모르겠습니다만, 그것은 무엇보다 끝까지 가겠다는 결단력입니다. 예를 들어 어떤 결심이 진지하다고 말할 때, 그건 곧 농담이 아니고, 비유가 아니고, 말하는 하나의 방식, 이를테면 말로만 하는 참여가 아니라는 겁니다. 모든 차이는 말로만 하는 참여와 진지한 참여를 구분하는 데에 있습니다. 참여하겠다고 말하는 것은 말로 하는 것입니다. 참여하고 실행하는 것, 그게 진지한 겁니다. 진지함은 행위 자체까지, 행위 수행까지 나아가는 결단이라는 점에서, 참여는 나의 존재 전체에 적용된다는 점에서 그렇습니다. 그러니까 그것은 내 존재의 일부가 아니라, 나의 존재 전체와 관계되어야 합니다. 어떤 사소한 일, 예를 들어 11월 11일에 어느 명판 앞에 꽃을 놓으러 가는 일에 참여하는 건 별 성과도 없고 중요하지도 않습니다. 반면 내가 참여하는 게 나의 안전, 나의 경력과 관계가 있고, 그것들을 위험에 빠뜨리고, 따라서 내 존재 전체와 관련이 된다면 그건 진지한 것입니다. 보시다시피 진지한 것에는 두 가지 정의가 있습니다. 하나는 심층적인 면에서 그것이 행위까지 영향을 미치는 것이고, 다른 하나는 개인의 일부가 아닌 전체에 영향을 미치는 겁니다. 이 점에서 그것은 도덕성 그 자체입니다. 나머지는 모두 수사학의 차원, 탐미주의의 차원에 속합니다. 참여를 특정 아방가르드 파티에 모습을 나타내는 것으로 국한하거나, 중요한 일들에서 순응주의적인 태도를 보이는 것으로 국한하는 사람들처럼 말입니다. 중요한 일들에서 순응적이지 않고, 중요하지 않은 일들에서 순응적인 게 도덕적입니다. 소위 전위적인 사람들은 대개 정반대로 행동합니다. 중요한 일들에서는 순응적이고, 사소한 일들에서는 순응하지 않습니다. 빨간 넥타이를 매는 것만으로는 비 순응주의자가 될 수 없습니다. 그건 너무 쉽고, 모든 사람이 그렇게 할 수 있습니다. 비 순응주의자가 된다는 건 지금 우리가 살고 있는 이 풍요 사회를 받아들이지 않고, 그 특정 이점들을 거부하고, 말하는 대로 행하는 것입니다. 예를 들어 저처럼 반파시스트이고 이를 공언하는 사람이라면 스페인에서 휴가를 보내지 않습니다. 제 주변에는 이게 전혀 문제가 되지 않는 극좌파 친구들이 많습니다. 한데, 진지하다는 건 말한 대로 하는 것, 스페인에 가지 않는 것입니다. 그러므로 진지함이란 곧 도덕적인 삶이며, 결코 탐미적인 게 아니요, 허풍, 겉치레가 아닙니다. 우리 주변에는 비 순응적이고 극좌파지만 이 풍요 사회를 즐기는 사람들이 많습니다. 자신에게 어떤 의문도 제기하지 않고 그 이점들을 누리면서, 다른 사람들에게 말하는 것을 자신에게는 적용하지 않습니다. 그들은 스스로를 예외로 둡니다. 그들의 크고 작은 즐거움, 그들의 휴가, 그들을 위한 신성불가침한 많은 일들, 저는 그것들을 진지하게 여기지 않습니다."(〈프랑스 퀼튀르〉, 1971년 12월 31일)

# 덕에 관한 논고

 철학자의 저작에는 종종 그 사상가의 지적 진화의 중요한 순간을 나타내는 정전正典같은 저작, 불가피한 일종의 *오르가논*[7] 같은 것, 그의 작품 전체를 이해하는 데 꼭 필요한 그런 저작이 있다. 때로는 그것이 여럿이기도 한데, 장켈레비치의 경우는 《덕에 관한 논고》가 그중 하나다. 1949년에 출간된 이 저작은 그의 생애 거의 15년에 걸쳐 집필과 재집필 되었는데, 여기에는 제2차 세계 대전의 도덕적·정치적 재앙도 포함된다. 장켈레비치는 항독 지하운동 중에 틈틈이 이 책을 썼다. 게슈타포와 숨바꼭질하며 점령군들이 그에게 글 쓸 짬

---

[7] 철학 탐구 전체의 기초적 도구.(—옮긴이)

을 줄 때, '사변적 도덕'과는 거리가 먼 수많은 전투 전단들을 쓰고 나서 시간이 좀 남아돌 때 썼다. 진짜 도덕은 책 속에서가 아니라 잡목숲에서, 항독 지하 운동가의 은신처에서 만들어지기에 말이다. 그리고 전쟁이 끝난 후, 그는 다시 이 저작에 손을 댄다.

하지만 그의 이 《덕에 관한 논고》를 "원하는 이가 아무도 없다." 장켈레비치는 평생의 친구인 루이 보뒥에게 보낸 편지에서 그렇게 썼다. 책을 출간해 줄 출판사를 찾기가 어려웠다. 실제로 장켈레비치는 한평생 출판사들을 찾아다녔다. 출판사를 찾아내더라도 독자가 없었다. 그래서 그는 《덕에 관한 논고》는 "사후의 영광을 선고받은" 책이라고 말했다. "이 시대와 나, 우리는 서로에게 관심이 없어. 나는 21세기를 위해 일한다네." 그는 이 말을 즐겨 되풀이했다. 실제로 이 작품은 그의 사후에 큰 성공을 거두게 되며, 오늘날까지도 덕德들의 분류를 넘어 그 변증법을 이해하고자 하는 사람, 여러 덕이 어떻게 사랑이라는 단 한 가지로 요약되는지를 알고자 하는 사람에게는 필독서로 남아 있다.

"나는 갤러리를, 덕德들의 갤러리를 연구합니다. 그것들은 하나씩 차례로 나열되죠. 한데 사실 내가 마지막으로 다루는 사랑이 그 덕들의 가치를 떨어뜨립니다. 사실 사랑은 덕이 아니거나, 아니면 다른 모든 덕을 쓸모없게 만드는 덕입니다. 사랑을 가진 사람은 모든 걸 가진 겁니다."(1971년 12월 29일)

이 교과서 아닌 교과서에서, 장켈레비치는 모든 덕을 하나로 묶는 은밀한 끈들, "자유의 자명하지 않은 자명성", 의무와 감사의 상호성 등, 이기주의와 이타주의를 하나로 묶는 좀 더 모순적인 끈들을 개진하고, 정의, 공평, 관용, 공로, 충실, 용기, 성실, 선의, 자선, 동정, 연민, 무상성, 일치된 공감, 상호성, 관대함—이 리스트는 무한할 수 있을 것이다— 등을 오가는 도덕의 모든 변주를 개진한다. 여기서 그는 그리스적인, 고대적인 면모를 보인다. 장켈레비치는 현재를 사는 기술과 양식을 가진 사람이다. 그는 자신의 시대에, 그 쟁점들에, 그 고통에 자신을 종속시키지 않을 구실을 절대 찾지 않는 사람이다. 그런 그가 이 책에서는 시대를 초월한 고인古人으로서, 전혀 다른 원칙, 그리스와 유대-

기독교의 전혀 다른 원칙, 즉 영원불변의 원칙들에 기초해 영혼의 견고함을 구축했다.

> "승리에겐 늘 친구가 많으므로 승리한 진실에 충성하기는 쉽다. 그러나 모든 사람이 의심할 때, 모든 겉모습이 우리의 기대에 어긋날 때, 진실이 죽어 가고 하늘이 어둡고 형제들이 망명 생활에서 고통받을 때, 짐승들이 우리의 조국과 이상을 짓밟을 때, 정의가 모두에게서 버림받은 듯이 보일 때 홀로 충성하는 것—이 충성은 그저 최고로 칭송받아 마땅하기만 한 게 아니다. 이 충성은 "열한 번째 시간"의 궁극적이고 초경험적인 덕, '절대'에 대한 충성으로서 그저 믿음과 하나 될 뿐인 덕이다."(《덕에 관한 논고》, 제2권, p. 154)

우리의 충성, "열한 번째 시간"을 긍정하는 충성은 그런 것이다. 여기에 인용된 것은 마태복음의 열한 번째 시간의 일꾼들[8], 즉 첫 시간부터 일한 사람들만큼의 임금을 청구하는 사람들의 비유이다. 첫 시간부터 일

---

[8] '열한 번째 시간의 일꾼들'은 성서의 비유로서, '늦게 신앙에 귀의한 사람에 대한 신의 자비'를 가리키는 관용적 표현이다.(—옮긴이)

한 노동자들의 질투가 폭발하려 하고 소란이 벌어진다. 하지만 신의 왕국은 복잡한 계산서를 좋아하지 않는다. 신을 찾아온 모든 이가 환대받을 것이요 같은 것을 얻게 될 것이다. 궁극적이고 초경험적인 덕, 이 지상에서 경험할 수 없는 덕, 그것은 시간에 따라 변하지 않는, 처음부터 완전하고 영구적인, 모든 시련을 견디는 이 충성이다. 역설적이지만, 장켈레비치는 거기에 이르지는 않게 된다. 정의보다 한 걸음 더 나아간 이 자비, 그것이 그를 인도하고 그에게 영감을 주지만, 끝까지 그는 이 덕 앞에서 겸허히 머무르게 된다.

# 감사

 어떤 덕은 부당하게도 낡고 케케묵은 것처럼 보인다. 장켈레비치가 자신은 유행을 따른 적이 없다고 즐겨 말했던 만큼, 가장 아름다운 덕의 하나라고 할 감사感謝에 바친 그의 글을 잠시 살펴보기로 하자. 이 덕은 그 자체로 기독교 교리와 그의 연관성을 나타낸다. 신을 믿어서가 아니라 감사할 의무를 갖는다는 점, 이 덕의 보증인이 된다는 점, 실존하는 이 덕을 미래를 위해 보존해야 함을 의식한다는 점에서 그렇다. 우리가 은혜와 감사를 바쳐야 할 사람들은 후세의 '부역賦役자들'이다. 감사는 단순히 주어진 것, 주어진 것의 가치를 의식하는 것만이 아니다. 감사는 "(…)주었다는 그 명백하고 회수될 수 없는 사실에 대해 증여자에게 고마워하는 것"(《덕에 관한 논고》, 제2권, p. 249)이다.

장켈레비치는 감사는 그것의 근사치가 관대함의 표시인 만큼, 계산이 엄격하게 유지되지는 않는다고 말한다. 즉 우리는 영웅적 행위에 물론 경의를 표하지만, 봄날 아침에 대해서도 그에 못지않게 경의를 표한다. 어쩌면 봄날 아침에도 그런 사건, 영웅적 행위가 가득할 것이기 때문이다. 하지만 우리가 고마워하고 감사하는 건 그런 이유 때문이 아니라 존재 자체를 선물로 받았다는 단순한 사실에 대해서다. 또한 증여자도 감사의 예외가 아니다. 그 역시, 받은 데 대해서가 아니라 준 데 대해 감사하는 감정을 느낀다.

절약하며 사는 일상의 삶에서는 증여가 가난을 초래할 수 있지만, 도덕적 삶에서는 결코 그럴 일이 없다. 증여는 받는 사람과 주는 사람 모두를 기적적으로 풍요롭게 한다. 장켈레비치는 항상 좋은 기억력, 정확한 기억의 필요성을 옹호해 왔지만, 아마 감사는 기억의 부재를 선행과 동일시할 수 있는 드문 경우일 것이다. "진정으로 관대한 사람은 자신이 한 선물을 잘 기억하지 못하며, 어떤 사슬도 그를 저 뒤 기억의 영역 쪽으로 다시 끌어당기지 않는"다는 점에서 그렇고, "(…)받는 사람 쪽도, 채무자의 무거운 기억과 회한이 수혜자의 따스하고 자발적인 감사"로 변한다는 점에서 그렇다(《같은 책》, p. 263).

감사는 관대함의 신성한 이름과 같은 것이며, 이 둘은 분리될 수 없다. 감사는 겸허함의 빛나는 비탈 같은 것이다.

> "겸허함은 선행先行하는 감사다. 즉 은인을 만나기 전부터 감사하는 마음이다."(《같은 책》, p. 249)

베르그송은 감사를 삶에 대한 찬가라고 했고, 장켈레비치도 그렇게 생각한다.

> "인간은 무한히 감사하는 마음으로, 매일 아침 자신의 모험적인 운명에 대해, 죽음의 위험에서 다시 한번 벗어난 데 대해 감사한다. 베르그송이 말하는 운동의 기적은 바로 인간이 자신에게 허용된 그런 새로운 연장延長에 대해 마음속으로 표현하는 영원한 감사다."(《도덕의 역설》, p. 182)

"더러는 전혀 아무것이 없을 때도 있어요. 왜냐하면 그건 정말 "뭐라-말할-수-없는-것"이니까요. 어느 날, 봄의 숨결, 봄의 첫날은 당신네 같은 추운 나라나 우리처럼 약간 추운 나라에서는 늘 하나의 대격변입니다. 봄의 첫 숨결은 공기 속에 "뭐라-말할-수-없는-것"을 가져올 수 있습니다. 내가 "뭐라-말할-수-없는-것"이라고 할 마음이 없더라도 말이죠. 왜인지는 몰라도 오늘 나는 행복합니다. 특별한 이유는 없고, 어쩌면 행복하지 않을 여러 가지 이유가 있을 텐데도 말입니다. 그것은 내게로 불어오는 바람, 갑자기 내게로 오는 어떤 향기, 알 수 없는 무엇입니다. 그럴 때 나는, 어떤 창조적 상황이 아니라, 가슴 벅찬 기다림의 상황 속에 있죠."(《라디오 캐나다》, 1980년 5월 12일)

우리는 모두 장켈레비치의 목소리에서, 노래하듯 따뜻하고 미래지향적이고 음악적인 그 목소리에서, 늘 감사하는 마음을 들을 수 있었다. 아무것도 기다리지 않고, 그저 앞으로만 나아가는 감사의 *알레그로*가 느껴진다. 그가 비시 정권과 국가적 치욕을 떠올리며 강렬한 분노에 사로잡혀 있었을 때도, 우리는 삶에 보내는 그의 미소를 듣는다. 그만큼이나 장켈레비치는 늘 미래를 생각하고 미래에 돈을 건다. 물론 과거를 의식하지만, 결코 과거에 얽매이지는 않는다.

# 정의

정의正義는 장켈레비치가 자신의 주저《덕에 관한 논고》에서 사랑에 앞서 탐구한 또 하나의 주요 용어다. 이 철학자로서는 정의의 이론을 규정하지 않고는 도덕을 정립하기가 불가능하다. 더욱이 그에게 도덕은 분리할 수 없게 정치적이다. "정의는 로고스"이며, "폭력에 대한 합리적 항의"다. 그것은 "힘을 더욱 강하게 하기 위해서가 아니라 약함을 보상하기 위해 투쟁에 나선다. 그것은 이미 그 자체로 패자가 하는 무언의 초자연적인 복수, 조만간 불가피하게 될 복수다. 그에겐 그럴 권리가 있다."(《덕에 관한 논고》, 제2권《덕과 사랑》, p. 57)

하지만 공정으로서의 정의는 더는 그저 로고스이기만 한 게 아니며, 거의 사랑에 가까운 것일 수 있다. 개인의 특수성과 취약성을 고려한다는 의미에서 그렇다. 정의는 "예외 없이 모두"라고 말하나, 공정은 "예외를 두고 모두"라고 말한다. 규칙에 저촉되더라도, 산술적으로 정의로운 게 아니라 법리상으로 정의롭다는 의미에서 말이다.

> "공정은 사람들이 평등하지도 불평등하지도 않으며, 질적으로 다양하다는 것을 알게 해준다. (…)인간에 대한 앎이 깊어질수록, (…)더욱더 우리는 독창적이고 서로 환원될 수 없는 개인들을 발견하게 된다. 우리의 언어로 표현하자면, 각각이 다 '하팍스hapax'[9], 즉 자기 장르에서 유일한 개인, 개인 하나하나가 다 자기만의 별종인, 그런 수많은 피조물, 수많은 자기성自己性이다."《같은 책》, p. 83)

정의는 공정할 때는 과격파의 모습을 보임과 동시에, 관용에 동화될 때는 좀 더 평범한 모습을 보일 줄도 아는데, 이 또한 필요하다. 이웃을 관용한다는 건 그

---

[9] 하팍스 레고메나hapax legomena는 전체 성경 본문에서 단 한 번만 나타나는 단어나 문구를 말한다.(—옮긴이)

들을 사랑하거나 존중해야 함을 전제하는 게 아니라, 그들의 신체적 도덕적 본래 상태를 해치지 않아야 함을 전제한다. 그들의 목을 조르거나, 그들에게 재갈을 물리지 않겠다는 것, 요컨대 우리의 의지를 강요하기 위해 폭력을 사용하지 않겠다는 무심한 태도를 그들에게 보여주어야 한다는 것이다(《같은 책》, p. 87). 장켈레비치는 "그러므로 관용은 불화하는 세계, 사람들이 서로를 무시하는 세계를 위한 미덕"이라고 주장한다. 사람들 사이에 그만큼 형제애가 부족하기에, 대개는 그것이 "사람들이 할 수 있는 최선"이다. 세계는 정의롭지 않고 사랑도 부족하기에, 바로 그래서 우리는 관용을 의무화해야 한다. 악에 대한 관용이 아니라, 우리를 부추길 일이 거의 없는 타자에게 폭력을 행사하지 않을 필요성을 말이다.

관용은 "결정적 평화에 대한 희망 속"(p. 102)에 잠시 머무르는 순간이요, 오직 "기다림으로만 존재"하지만, 그렇다고 해서 우리를 증오로부터 구하기 위한 편의적 수단은 아니다. 관용은 그보다는 좀 더 철학적이다. "다수의 절대"(《같은 책》, p. 103), 혹은 절대의 다수성을 개념화한다는 점에서 그렇다. 그렇다, 서로 모순되지만 동시에 다 참인 그런 진실들이 있다.

> "관용을 통해 정의는 정치적이 되고 법과 연결된다. 정의롭다는 건 정의로울 뿐이라는 말이기도 하다. 딱 맞아서, 꼭 끼고, 빈약하고, 쩨쩨하게 느껴지는 옷처럼 말이다. (…)정의는 선물을 주지 않는다."(《같은 책》, p. 139)

우리는 그리스 신화에서 정의를 표상하는 이미지, 눈가리개를 한 테미스의 이미지(《같은 책》, p.145)를 떠올려 보아야 한다. 정의는 실로 맹목적이다. 그것이 공평하다고? 그렇게 믿기는가? 아니다, 정의에는 사랑의 초월적-명료성이 전혀 없다. 정의는 법의 맹목적 명료성에 기반한다. 바로 그래서 정의를 실제보다 덜 끔찍하고 더 인간적으로 만들려면 선의도 필요하고 공정도 필요하다.

# 쾌락

우리 자신을 속이지는 말자. 쾌락은 장켈레비치의 도덕 철학에서 중요한 개념이 아니다. 아니면 쾌락의 정의를 조금 수정해서, 그것을 뭐라-말할-수-없는-것에, 매력에, 다시 말해서 정의할 수 없는 무엇, 잉여에 가깝지만 '지나치지' 않은 뭔가에 연결해야 한다. 왜냐하면 그것은 과잉일 수도 있지만, 이것 없이는 장켈레비치의 현학적이면서도 유쾌한 섬세함, 특히 어떤 가정된 느림을 간과하게 될 터이기 때문이다. 쾌락은 그것을 느끼는 것을 전제하고, 그것을 느끼는 것은 지연과 느림을 전제한다(《덕에 관한 논고》, 제1권 《의도의 진지함》, p. 61). 흥분이나 동요를 전제하는 게 아니다. 그런 점에서 이미 이 쾌락은 현대와 거리가 먼 삶의 미학과 결합

한다. 끊임없이 채널을 바꿔가며, 잠시도 지속되지 않는, 알맹이 없는 맹탕 앞에서 증발해 버리는 가짜 쾌락을 맛보는 현대 말이다. 따라서 장켈레비치에게 쾌락은 순결純潔의 편에 있으며, 이 순결은 드뷔시에 따르면 음악의 심오한 본질을 정의한다.

> "당신은 연주할 때 가장 아름다운 순결의 상태에 있는 거군요. – 그렇습니다. 음악에 빠져 있을 때는 아무 생각도 하지 않으니까요. 음악이 아주 유용한 건 그래서예요. 콘서트홀에서나 아니면 다른 곳에서 음악을 들을 때, 당신은 더는 다른 걸 생각하지 않습니다. 당신의 직업이나, 일상의 온갖 지저분하고 잡스러운 걱정을 전혀 하지 않죠. 그것은 완전한 망각, 새로운 젊음입니다."(《프랑스 앵테르》, 1979년 10월 8일)

그러니까 장켈레비치에게 쾌락은 금지된 것, 중독성이 있거나 범법적인 충동을 즐기는 게 아니다. 쾌락은 음악의 쾌락주의적 진실을 나타낸다. 음악은 말꼬투리를 잡지 않기 때문이다. 주의하자. 음악은 심오하나, 음악이 그 심오함에 도달하는 건 의식을 통해서가 아니라, 즐거움을 통해서, 느낌을 통해서라는 것. 더욱이 장켈레비치는 곧잘 이렇게 말한다. 쾌락에 대한 의식은 쾌락을 죽이고, 고통에 대한 의식은 고통을 심화한다고. 우리가 쾌락을 과도하게 의식하기 시작하는 때는 이미 그것이 우리 곁을 떠나는 중이거나, 그것이 떠나면 어쩌나 하는 두려움을 느낄 때다. 그러니까 저 멀리서 나타날 조짐을 보이는 어떤 '괴로움'이 이미 있다 《덕에 관한 논고》, 제1권, p. 63~65).

쾌락을 자명한 것으로 여기고 싶다면 장켈레비치를 읽지 마시라. 그에게 "쾌락은 단순해 보여도 사실은 그렇지 않기" 때문이다. 오스카 와일드는 "행복이 아니라―특히 행복이 아니라―쾌락"이라고 쓴다. "언제나 가장 비극적인 것을 원해야 한다"(《같은 책》, p. 88). 쾌락은 이렇듯 *관능의 질서ordo voluptatis* 쪽으로 기울며, 장켈레비치가 쾌락의 "새로운 순결"에 대해 얘기할 때, 우리는 전혀 에우다이모니아[10]―그는 즐겨 이렇게 표현한다―속에 있지 않다.

---

**10** 'eudémonie'는 행복, 최상의 삶을 뜻하는 그리스어 εὐδαιμονία의 프랑스식 표기다.(―옮긴이)

아니다, 장켈레비치가 쾌락에서 관심을 두는 건 지옥행 편도 티켓이 아니다. 그것은 은총으로 가는, 즉 여기서도 역시, 뭐라-말할-수-없는-것, 거의-아무것도-아닌-것, 매력을 향해 가는 편도 티켓이다.

"쾌락이 우리에게 주는 큰 교훈이 하나 있다. 쾌락은 강요받기를 원하지 않으며, 은총의 작용처럼 (…)단순하고 편안한 의식意識들을 원한다. 우리가 그것을 기대하는 곳에서는 지루한 권태만 발견하게 될 것이다―왜냐하면 그것은 마치 빛의 속도처럼, 우리가 넘어설 수 없는 어떤 최대치이기 때문이다. 그러나 반대로, 우리가 더는 그것을 기대하지 않을 때, 우리는 그것이 우리 식탁에 앉아 있는 것을 발견하게 된다. 어느 봄날 저녁, 열린 창문을 통해, 비와 라일락꽃 냄새와 함께 들어온다… 발뒤꿈치를 들고 살며시 당도하는 신성한 쾌락이랄까."

장켈레비치가 쾌락을 묘사하는 얘기를 들으면, 그에게는 뭔가 수줍음에 가까운 자질이 있는 것 같다. 여기서도 역시 그는 작곡가, 이번에는 라벨을 참고해서 말한다. 라벨을 환기할 때, 장켈레비치는 어김없이 라벨의 수줍음과 쾌락주의를 거론한다. 사실 그래서 그토록 독특하지만, 장켈레비치가 말하는 쾌락에는 '진지한' 것, 즉 비극에 빠져 만족해하지 않는 것과 공유하는 뭔가가 있다. 쾌락은 잠시나마 휴식을 허용하고, 새로운 순결을 허용한다. 즉, 다시 참여의 길로 나서기 전에 에너지를 재충전해 주는 것이다.

# 오해

 오해는 도덕 철학에서 거의 다뤄지지 않는 주제이지만, 장켈레비치에게서는 1940년대의 초기 저술에서부터 그의 도덕 철학의 핵심에 놓인다. 그는 1957년에 출간된 《뭐라-말할-수-없는-것과 거의-아무것도-아닌-것》을 1980년대에 다시 손질할 때, 이 주제를 제2권의 부제로 삼아 좀 더 명시적으로 탐구한다. 이 개념의 출생증명서, 즉 1940년대와 전쟁이 우리에게 충분히 상기시켜 주듯이, 모든 게 오해에서, 순전히 해석 문제에서 비롯되어 매우 심각한 결과를 초래할 수 있다는 점에서, 오해에 대한 이 질문은 인간관계의 어려움을 전형적으로 보여준다. 그러므로 오해는 사소한 문제가 아니다. 인생의 모든 일이 오해의 문제다. 우리가 실제

원인을 알지 못하고 결과도 거의 의식하지 못한 채 인생을 항해한다는 의미에서 그렇다. 우리는 오해도 곧잘 하고 제대로 알지도 못하는 존재들이지만 지식을 내세우며 단호하게 앞으로 나아간다. 이런 실체 없는 것으로 어떻게 하나의 도덕을 세울 수 있을까?

때로 어떤 오해는 집단생활에 도움이 될 수 있다는 점도 인정하자. 진실은 결코 쉽게 들리는 게 아니기에, "잘못 듣는 것(오해)"은 우리가 좀 더 쉽게 빠져나올 수 있게 해주며, 그럴 때 오해는 사회생활의 예의범절이나 위선과 공모하는 형태, 즉 일종의 사회적 용도를 지니게 된다. 사실 우리가 완벽하게 의견일치를 한다고 믿을 사람이 누가 있는가? 아무도 없다. 그러므로 불가능한 의견일치보다는, 장켈레비치가 말하듯 "합의된 의견 불일치"의 가능성을 전제하는 편이 더 낫다. 오해는 "사회성 그 자체"라고 그는 말한다. "그것은 개인들 사이의 공간을 완충재인 거짓말의 솜과 솜털로 채운다. 약탈적이고 모난 야만인을 문명화된 위조자, 예의 바른 사기꾼으로 변모시킨다. 부정을 저지르는 사람들이 자신들의 조건을 깊이 파헤쳐야 한다면 서로 견디지 못하기 때문이다. (…)삶을 살 만하게 유지하려면 대개는 깊이 파헤치지 않는 게 낫다"(《뭐라-말할-수-없는-것과 거의-아무것도-아닌-것》, 제2권 《몰이해. 오해》, p. 212).

사실, 모든 도덕적 요구는 종종 바퀴에 기름을 좀 칠 것을 요구한다. 마지못해 무거운 마음으로 하는 일이라도, 그것이 꼭 필요하다고 장켈레비치는 덧붙인다.

"결국, 일반적으로 행위는 무언가를 달성하려면 근사치가 필요하고, 근사치가 없으면 아무것도 달성하지 못한다. 그런 식으로 행위는 주변 상황에 적응한다…. 아리스토텔레스는 실천의 자연스러운 기회주의에 눈을 감은 적이 없다! 여기에 몇 가지 오해, 저기에 약간의 근사치, 몇 방울의 모호성, 그리고 많은 사랑과 선의 — 그러면 그럭저럭(잘된 거라고 할 순 없지만), 어떻든 간에, 실현 불가능한 게 실현 가능해지고, 불가능한 게 가능해진다!"(《도덕의 역설》, p. 146)

이제 여러분은 오해에는 적어도 두 가지 주요 범주가 있음을 이해했다. 즉 기만이 "선의에 의한 것"으로서 그것을 풀려는 경향이 있고, 기만이 "어느 정도 고의에 의한"(《뭐라-말할-수-없는-것과 거의-아무것도-아닌-것》, 제2권, p. 212) 것으로서 그것을 유지하거나 심지어 강화하려는 경향이 있다는 것. 어쨌든, 장켈레비치에게서 종종 그렇듯이, 장애는 성공 수단이 되기도 된다. 어떤 도덕적 의도의 진정성을 검증하는 데 오해보다 더 나은 게 있는가? 도덕성이 진정으로 도덕적이라면, 처음에는 오해가 두렵기만 하겠으나, 오히려 오해를 환영할 수도 있다. 오해는 다만 자신의 진정성을 증명해 줄 터이기 때문이다. 반면, 어떤 거짓 도덕도 오해들, 즉 자신의 책임이나 참여를 면제받는 구실과 거짓 알리바이로 매우 효과적으로 쓰이게 될 오해들을 삼가지 않을 것이다. 요컨대 어떤 의심이 있다는 건 곧 의심의 여지가 없다는 것이며—마찬가지로, "오해가 있다는 건 사실 오해가 없다는 얘기다."

# 기관-장애물

장켈레비치의 철학 전체는 역설적이라는 한 단어로 요약될 수 있다. 사실 그는 자신의 도덕을 역설론으로 정의한다. 도덕은 극복할 수 없는 역설들이 있기에 존재한다. 역설들은 내적 긴장을 통해서 도덕적이고 철학적인 삶 전체에 생기를 부여한다. 삶이 실존하는 건 우리가 죽기 때문이다. 이 도덕 역설론의 핵심에 기관-장애물이라는 주요 개념이 있다. 예를 들어 육체를 스크린이라고 가정해 보자. 육체는 그 두께 때문에 우리가 보는 것을 방해할 수 있다. 그러나 기관으로서 그것은 우리가 볼 수 있게 해주는 바로 그것이다. 장켈레비치는 이 기관-장애물 개념을 스승인 앙리 베르그송에게 빚지고 있다고 말하는데, 이는 베르그송이 특히 《창조적 진화》에서 환기하는 "긍정적 부정성"을 두고 하는 말이다. 그것은 좀 더 간단히 말하자면, 하나의 "~이기 때문에"인 "~에도 불구하고"이다(《미완 속 어딘가》, p. 108).

> "그러므로 장애물은 해독해야 할 수수께끼의 일부이며, 이 수수께끼는 동시에 희망을 구성한다. 인간의 유한성은 짜증나는 역설을 잘 보여주는 예다. (…)살 수 없는 이 관계가 바로 삶이다! (…)영혼이 육체의 기관-장애물과 맺는 양가적 관계의 결과, 실존은 끊임없이 위협받고, 위험에서 위험으로 끊임없이 내몰리고, 순간에서 순간으로 끊임없이 튀어 오르는 모험의 연속이 되지만, 이 우유부단하고 불편하며 매우 위험한 연속이 결국 살 수 있는 실존을 형성한다." (《같은 책》, p. 109)

잘 이해하시라. 아포리아가 있기에 도덕이 있다고 말한다는 건 도덕이 필연적으로 불순한 쪽에 있을 수밖에 없음을 증명한다. 그것은 단순한 선형적 인과관계라는 의미에서 "~ 때문에"의 편이 아니다. 천만에, 도덕은 "~에도 불구하고"를 통과하고, "비록"을 거친다. 그것은 ~에 이르기 위해 장애물들을 극복한다. 곧은 길로 똑바로 나아가지 않는다. 바로 이 점이 장켈레비치의 도덕을 이해하기 위한, 무엇보다도 선형성과 도덕성, 순수주의와 도덕성을 결합하는 사람들의 함정을 피하기 위한 결정적 지점이다. 그들은 자신을 속인다. 역설들이 근본적이고 해결할 수 없는 게 아닌 척한다.

> "선善이란 아마도 '~때문에'의 역설적 동기 중의 하나일 것이다. 더군다나, 이 양보적인, 따라서 간접적인 요소는 단순한 인과관계보다 더 효율적이고 더 결정적일 것이다."《도덕의 역설》, p. 109~113)

장켈레비치는 도덕적 행위를 만드는 것은 바로 이 계기, 이 순간, 이 *카이로스*라고 말하는 것 같다. 장애물이 도구가 될 때, 둘이 "서로 대립하거나 서로 마비시키기는커녕", 냉담하지 않고, "서로 협력하는"(《같은 책》, p. 113) 때 말이다. 이 체제는 우리 삶의 일상적 측면이기 때문이다. 우리는 이런 종류의 역설들에 의문을 제기하지 않고 산다. 어쩌면 하루하루 도덕 없이 살아간다고 할 수도 있겠지만, 그래도 일상 탈출, 도덕적 의무, 사건의 의미를 경험하며, 그러다 돌연 역설들의 무게가 튀어나온다. 하지만 이 무게는 방해하는 대신 질적으로 우월한 비약을 낳는다. 즉 살만한 삶을 낳는다. 게다가 도덕적 거리낌이라든가(《같은 책》, p. 113~114), 후회 같은 건 바로 이런 무한소無限小 의식이 아닌가. 말하자면 그런 의식은, 할 수 있었는데도 불구하고 장애물을 기관으로 바꾸지 못했음을 안다. 그 기관에 그 모든 의미를 부여하는, 즉 장애물을 극복하는 길로 나아가게 하는 올바른 길, 공정의 길이 바로 거기에 있었음을 안다.

이런 이유로 우리는 역설을 두려워해서는 안 된다. 역설은 윤리적 제스처와 우리라는 주체를 일으키는 완벽한 기회다.

# 우정 — 루이 보뒥

"잊지 말게, 우리는 후대를 위해 글을 쓴다는 것을, 미래의 출판사들은 (데카르트, 칸트 등에게 그랬듯이) 틀림없이 《V. 장켈레비치와 L. 보뒥의 서간집》을 우리 철학 작품의 마지막 권으로 남겨두리란 것을," (《편지로 쓰인 일생》)

장켈레비치가 루이 보뒥에게 보낸 첫 편지는 이렇게 끝난다. 두 사람이 주고받은 편지를 살펴본다는 건 1922년에 입학한 두 동기생이 파리 고등사범학교 강의실에서 만난 해인 1923년부터 1979년에 보뒥이 사망할 때까지, 56년간에 걸친 둘의 우정을 되돌아보는 일이다. 이 서간집을 들여다보면, 그의 불평이라든가 그와 그의 '작품'의 관계, 동료들, 출판사, 학생들과의 관계, 그리고 충분히 읽히지도 인정받지도 못해 힘들어하는 모습 등을 통해, 장켈레비치의 사람됨을 좀 더 잘 알게 된다. 우리는 그가 말하는 "지연遲延된 부성"이나 여성들과의 관계, 또는 그를 옥죄는, 죽는 날까지 그를 옥죄게 될 '불안'의 이야기를 통해, 그의 내밀한 성향을 조금은 알게 된다. 파시스트 전체주의와의 싸움이나 영원한 수치인 독일 강점기에 관해 이야기할 때는 좀 더 분노한, 좀 더 비통해하는 그의 모습을 발견하게 된다.

두 사람의 우정은 진짜다. 초기에는 철학적 대화에 신뢰와 존중의 감정이 뒤섞였고, 세월이 흐르면서 거기에 아버지, 남편, 가장의 삶이 덧붙으며 더욱 훈훈해진다. 하지만 장켈레비치가 우정에 대해 실제로 어떻게 생각하는지를 알아보려면 《서간집》을 살펴볼 게 아니다. 그가 애정 표현을 몹시 부끄러워하며 삼가는 사람이기 때문이다. 그보다는 《덕에 관한 논고》 쪽으로 눈을 돌려야 한다. 이 책에서 우정은, 물론 그가 사랑에 부여하는 그 모든 호의를 다 갖추고 있지는 못하지만, 사랑의 장신구 대부분을 공유한다. 사랑은 에로스, *아가페*, *필리아*다. *필리아*로서의 사랑은 우호적 이성과 불가분의 관계에 있으며, '너'와의 관계는 지식과 존중을 떼놓고 생각할 수 없다. 장켈레비치에게 우정은 철학적 가르침과 분리되지 않는다. 학생들은 그의 첫 번째 동반자들이다. 물론 그의 편지 전체를 읽어보면 그가 그들이 제출하는 과제물이나 그들의 악착스러움까지도 얼마나 끔찍하게 여겼는지 알게 되지만, 그는 그들이 자신의 '친구들'이었다고 강력하게 주장한다. 또한 음악가 친구들도 있고, 생의 만년에는 동료 교수들까지도 그의 호의를 얻게 된다. 그간에 그가 그들에게 특별히 딱딱한 태도를 보였다는 게 아니라, 오히려 그가 그들에게서 종종 소외되었다는 얘기다.

> "나는 젊은이들과의 우정, 청년 공화국과의 우정 등, 그 모든 걸 경험했어요. 물론 몇몇 동료들도 있었죠. 지금의 저에게는 그 젊은이들과 노인들이 좀 혼동이 되기도 합니다. 하지만 결국 저의 친구들이라고 한다면, 무엇보다도 우선 그 젊은이들을 꼽아야겠죠."(〈프랑스 앵테르〉, 1979년 10월 8일)

우정이 무엇인지 이해하려면 거기에 충실함과 존중

을 덧붙여야 한다. 그런 우정은 특히 반유대주의 법망을 피해 그가 프랑스 여기저기로 피난처를 찾아다녀야 했을 때 경험한 것이었다.

> "아리스토텔레스는 실용적 우정은 필연적으로 일관성이 없다고 말한다.[11] 그것은 사업가들의 행동을 좌우하는 이해관계처럼 변한다. 그 변덕스러움은 권력관계의 변동과 주식 시세의 변화를 좇는다. 우리의 애정은 영속적이다. 우리의 우정은 불변이다. 한 민족 전체를 거의 말살할 뻔한 대량 학살의 악몽처럼 불변이다."(《레지스탕스의 정신》)

그가 늘 이스라엘을 옹호하는 것도 이 영속하는 애정의 이름으로서다. 우정은 달콤한 삶, 돌체 *비타*의 미덕이 아니라 대문자 'H'로 시작하는 역사의 미덕이다. 최악의 시련에서도 변하지 않는다. 우정은 항상 주의를 게을리하지 않으며, 바로 거기에 그 모든 은혜로움, 변함없는 기쁨이 있다.

---

11 아리스토텔레스, 《니코마코스 윤리학》, GF 출판사, 1992년, 제8권: "우정에 대하여".

# III

# 음악과 뗄 수 없는 철학

# "나는 손가락이 없다"

 피아노는 장켈레비치의 삶에서 분리될 수 없다. 그의 철학에서도 분리될 수 없고, 그의 존재에서도 분리될 수 없다. "당신은 피아니스트가 되었을 수도 있지 않을까요?"라는 물음에, 그는 "나는 손가락이 없어요"《음악의 매혹》라고 부정적으로 대답하면서, 가족 중 음악에 재능 있는 사람은 음악원에서 수석을 차지한 누이라고 설명했다. 나는 "잘못된 음을 연주하고", 다른 사람들이 굽이치고 분출할 때 그저 해독에 급급한 피아노 '독자'일 뿐이다. 하지만 피아노는 그에게 수많은 철학적 직관의 관문이 된다. 어떻게 하면 음악이 환기하는 것을 표현할 수 있을까, 어떻게 하면 이 형언할 수 없는 것을 파악할 수 있는 철학을 만들 수 있을까…. 연주하지 않고, 피아노의 음들을 분명하고 은은하게 울리게 하지 않고 어떻게 향수鄕愁를 설명한단 말인가. 그러니까 음악은 가벼우면서도 무게가 있는, 흘러가는 것의 흔적을 지니고 있다. 장켈레비치는 이렇게 설명한다. "우리는 시간성이 본질적 차원인 음악이 어째서 어느 정도 미완의 흔적을 지니고 있으며(…)" "몇 방울의 멜랑콜리를 떨어트리는지 이해한다. (…) 듣는 사람에게서 생기는 감정적 혼란을 우리는 마음의 병이라고 부르는데, 원인이 없기에 진짜 이름도 없어서 그렇다…. 건반 위에서 슬퍼하는 건 손가락 자신들이다. (…)음악은 아주 자연스럽게 향수의 언어가 된다."《같은 책》

또한 피아노는… 러시아 가족을 떠올리게 한다. 상트페테르부르크 음악원 피아노 교사였던 고모, 자신의 형편없는 제자에게 낙심하곤 하던 고모를 떠올리게 한다. 그는 고모에게 피아노 교습을 받거나 대화를 나눌 때 곧잘 그녀를 흉내 내곤 했다. 그러면 바로 "아르티키울! 아르티키울!"《미완 속 어딘가》, p. 271) 하는 러시아 억양이 울려 퍼졌고, 그녀는 그의 손가락들을, 그가 없다고 한 그 손가락들을 쳤다.

"해마다 봄은, 마치 처음처럼, 우주적 갱생의 대향연을 벌입니다. 해마다 매력적인 왕자가 겨울잠에 빠진 잠자는 숲속의 미녀를 깨우러 옵니다. 그토록 많은 실망과 많은 실패와 많은 겨울을 겪었으면, 불신과 편협의 계절이 옷을 벗겨버린 그 나무들을 다시 치장하는 4월이 진저리날 만도 하지 않을까요? 천만에요. 봄은 겨울만큼이나 고집이 셉니다. 겨울은 마지막 말을 했지만, 봄도 마지막 말을 할 겁니다. 따라서 그들 각각은 끝에서 두 번째 말만 할 뿐, 모든 계절을 끝에서 두 번째로 만드는 이 최후 발언의 마지막 말은 무궁한 것, 마르지 않는 자연의 너그러움으로 되돌아올 겁니다. 봄의 신비는 우리 운명의 우주적이고, 연례적이고, 계절적인 형상입니다. 봄의 느낌은 자연과 인간의 공모를 직접적으로 표현합니다. 거대한 천문학적 변화의 리듬 속에서, 인간은 죽음 이편에서 자기만의 봄의 신비를 알아봅니다. 인간이 처한 역설, 죽음과 소멸이 예정된 영원한 젊음의 역설은 결국 상상할 수 없는 신비로운 모순을 드러냅니다. 필사자는 끊임없이 일시적 영원성을 회복하여, 새로운 질서가 자리 잡힐 때까지 어두운 호수에서 구제받습니다. 그래서 봄의 도취는 우리 영혼에 그토록 깊은 울림을 불러일으키고, 우리 안에 그토록 즐거운 열광을 촉발합니다."(〈프랑스 퀼튀르〉, 2021년 9월 2일)

피아노에 그런 운명을 부여한 철학자, 피아노를 개념·추억·회상을 환기할 수 있는 철학적 도구로 만들고, 자신의 유대·러시아 기원 쪽으로 연결하는 끈으로 만든 철학자가 또 누가 있는가. 장켈레비치의 철학을 정의하고 싶다면 리스트나 드뷔시를 연주하시라. 설명하지 말고 그냥 들으시라. 음이 발하는 빛과 그것을 말로 되풀이할 수 없는 그 불가능성에 귀를 기울이시라. 언어가 얼마나 부족하고 보잘것없는지 내면 깊이 느끼시고, 피아니스트가 아니라 "모든 것"을 언어로 말해야만 하는 철학자가 된 장켈레비치의 낭패감을 이해하시라. 그러면 개념이 어떻게 탄생하는지 이해가 좀 될 것이다. "모든 것tout"을 말하는 건 불가능하고, "아무것도 rien"를 말하는 게 분명 더 쉬울 테니 말이다. 장켈레비치는 "거의 아무것도 아닌 것presque-rien"을 말하기로 한다. "나는 손가락이 없다je n'ai pas de doigts" 뒤에서도 이미 이 철학자의 또 다른 주요 개념, 그가 평생 추구하게 되는 "뭐라 말할 수 없는 것je ne sais quoi"이 들릴 것이다.

"내가 음악을 접하는 건 피아노를 통해서다. 나는 손가락들 아래에서 잡히는 음악을 좋아한다"(《미완 속 어딘가》, p. 261). 피아노는 키보드들이 달린 놀이 도구 같아서, 다시 천진함에, 천진한 즐거움에 빠져들 수 있다. 멜랑콜리의 이상적 도구이기도 하지만, 또한 매혹의 도구요, 더는 권태롭지 않은 시간의 도구이기도 하다. 그것은 "마법 걸린 시간성"(〈라르크〉, "대담", p. 11)이다. 물론, 계급 투쟁 옹호자들도 있다. 일반 피아노는 용납하지만, 그랜드 피아노(《미완 속 어딘가》, p. 263)에 대해서는 곧바로 부르주아 살롱, 사치, 한가로움의 이미지를 떠올린다며, 장켈레비치는 종종 그들을 비난하곤 했다. 그건 피아노에 혐오스러운 운명을 부여하고, 이로써 피아노의 본질을 놓치고, 행복한 시간성과 문학적 회상에 이르는 길을 앗아버리는 짓이라고. 그럴 거면 계속 그 희생양 피아노보다 엉터리 음들을 선호하시라.

# 리스트의 기교

《리스트와 랩소디, 기교技巧에 관한 시론》은 장켈레비치가 쓴 마지막 음악 에세이 중 하나다. 기교가 가장 뛰어난 사람, 모든 가능성의 시작始作이자 새벽 같기만 한 사람으로 끝을 맺는 것이야말로 이 철학자다운 일이다. 늘 그렇듯이 장켈레비치에게서는 모든 것이 맞물린다. 말하자면 기교는 도덕적 문제 제기 속으로 발을 들이밀게 한다는 얘기다. 왜냐하면 그에게 영감을 준 스승 중 한 명인 발타사르 그라시안이 강조하듯이, 기교는 항상 "과시적이고" "재주를 부리고" "미친 듯이 말이 많은" 것으로, 그것은 장켈레비치가 말하는 "거의-아무것도-아닌-것", 그 완전한 미묘함, 그 형언할 수 없는 것, 그 말할 수 없는 것과는 반대되는 것이기 때문이다. 기교는 결국 화려하며, 박수갈채를 기다린다. 그것은 "표현의 격정"이다.

> "기교는 심오하고 진지한 모든 것을 자신의 작은 왕국 바깥에 내버려 둔다." 그것은 "작은 왕국, 거장이 하룻저녁의 소왕 小王이 되는 왕국, 함성과 환호가 가득한 시끄러운 왕국을 영광으로 둘러싼다! 사람들은 기쁨보다는 성공과 성취에 박수를 보낸다 (…)사람들은 진실이 아니라, 기교에 박수를 보낸다."《리스트와 랩소디》, p. 115)

리스트가 그저 잘난 체하는 사람, 가엾은 소왕이며, 하나의 "과잉 팽창"이요, "기생寄生" 같은 존재라면 왜 리스트를 논한단 말인가? 그렇다…. 경박하다는 말까지 했다. 그가 그저 피아노 건반 위의 분마奔馬 같은 존재라면, 왜 그의 음악에 관한 책을 쓴단 말인가?

다름이 아니라, 외양은 기만적이기 때문이다. 사실은 그저 역설적인 것이나 모순처럼 보이는 것을 다루는 것이 장켈레비치의 핵심 기법이기 때문이다. 기교란 환한 대낮의 신비다. 기교는 밤과 그 비밀이 아니라, 넘치는 빛의 수수께끼다. 기교는 이 철학자가 "외양의 역설적 깊이"라고 부르는 것을 나타낸다(《같은 책》, p. 9~10).

장켈레비치는 플라톤 같은 철학자들, 외양의 권위를 없애려는 철학자들에 맞서 이렇게 단언한다. "천만에, 외양은 아무것도 아닌 게 아니다"(《뭐라-말할-수-없는-것과 거의-아무것도-아닌-것》, 제2권《몰이해. 오해》, p. 33).

> "존재하지 않는 것은 나타나지 않는다. 즉, 비존재는 나타나지 않는다, 무는 나타나지 않는다 (…)비존재는 존재할 방법이 없다 (…)믿을 수 없는 외양, 만약 그것이 존재의 영zéro이라면 나타나지도 않을 것이다. 다시 말해서, 아무것도 아닌 것은 나타날 힘조차 없다."(《리스트와 랩소디》, p. 147~148)

여기에 논거의 핵심이 있다. 즉 나타나는 것은 존재로, 사물의 본질로 이어진다는 것. 감지될 수 있는 것은 이해할 수 있는 것과 보이지 않는 것의 연결고리이므로, 그것을 무시하는 것은 잘못된 일이다. 외양은 존재하고, 실존하므로, 그것을 진지하게 받아들여야 한다.

리스트라는 거장은 외양의 진지함이며, 그에게는 우리를 뭐라-말할-수-없는-것, 거의-아무것도-아닌-것으로 이끄는 존재 방식이 있다. 물론 플라톤도 외양은 본질적인 무엇이라고 말했지만, 이는 어디까지나 외양의 화려함을 실추시키고, 외양을 비난하고, 그것에 낙인을 찍기 위함이었다(《같은 책》, p. 155). 아니, 외양에는 그저 아름다움에 그치는 것일지라도 신비가 있다. 아니, 리스트는 영혼 없는 테크니션이 아니다. 오히려 그는 "평범한 예술가들에게 기교와 창의성 중에서 선택하도록 요구하는 양자택일을 초월"(《같은 책》, p. 157)했다.

장켈레비치가 이 거장을 묘사할 때 터지는 학생들의 웃음소리를 들어봐야 한다. 고삐 풀린 낭만주의, 과도한 음표, 상궤를 벗어난 과장이 사람들의 신경을 자극하지만, 리스트는 그렇게 해서 청춘jouvence의 정신에 도달했다. 때로는 이런 식으로 외양이 존재를 붙잡는다. 영원의, 젊음의 완벽한 이미지, 누구도 멈출 수 없는, 굽이치는 생의 약동의 완벽한 이미지 말이다.

"주제는 시간입니다, 이 책은 본질적으로 시간에 관한 책입니다. 되돌릴 수 없음은 시간의 근본적인 특성이기 때문입니다. 되돌릴 수 없는 것이 아닌 시간은 더는 시간적인 게 아니라 공간에 속합니다. 왕복往復을 예로 들어봅시다. 가는 여정은 곧 시간이고, 돌아오는 여정이 있다면 그건 공간에 속합니다. 예를 들어, 당신은 루앙에 갔다가 공간 속의 같은 정거장들을 거쳐 돌아올 수 있습니다. 시간 속에서는 돌아오는 것이 가는 것에 덧붙습니다. 돌아오는 것이 가는 것의 뒤를 잇고, 돌아올 때의 당신은 더는 갈 때와 같지 않습니다. 당신이 우연히 루앙에서 사랑의 모험을 겪었다면, 당신은 이전과 같은 사람이 전혀 아니죠. 설령 아무 일이 없었더라도, 당신은 가는 여행을 한 사람이고, 따라서 그 기간이 여행으로 풍요로워졌습니다. "오 시간이여 너의 비상을 멈추어라"라고 말합니다만, 그러나 시간은 비상을 멈추지 않습니다. 귀를 막고, 계속 앞으로 나아갑니다. 정상적인 상태에서, 시간성에 대해 생각하지 않을 때, 당신은 앞으로 해야 할 일, 미래, 내일을 지향합니다. 지금 우리는 수행해야 할 일이 있고, 우리는 그 끝을 지향하고 있으며, 그것을 잘 끝내야 합니다. 그러므로 우리 중 누구도 향수에 젖지 않습니다. 향수에 젖을 시간이 없죠. 향수는 여가餘暇를 요구합니다. 일요일이나 공휴일, 휴가를,

노령을, 그리고 할 일이 있을 때는 은퇴를 요구하죠.

- 블라디미르 장켈레비치, 당신을 향수에 젖게 하는 건 무엇인가요?

- 오, 뭐든 가능하죠. 어떤 향기, 지푸라기 냄새, 연기 냄새 등. 당신도 그렇지 않나요?"(〈프랑스 뮈지크〉, 1971년)

잘 들으셨는가. 젊은이로 남고 싶다면 거장이 되시라. 늙은 거장은 없다.

# 라벨

　우리의 음악학자는 라벨과 더불어 다시금 도덕론자가 된다. 장켈레비치는 자신의 도덕 철학을 쾌락주의와 쾌락의 진정성이라는 문제, 드물기는 하나 쾌락과 그 타당성 사이에 존재할 수 있는 일관성, 부끄럽지 않은 올바른 쾌락에 대한 질문을 덧붙여 자신의 도덕 철학을 다듬는다.

"언제부턴가 우리는 쾌락을 불신하고, 비난하고, 쾌락에 벌을 내리고, 뭐라 설명하기 어려운 악감정에 젖어 쾌락에 대해 죄의식을 느끼는 데 너무나 익숙해져 있습니다. 한데 라벨은 음의 희열을 최고조로 끌어올린 사람인 동시에 심오한 음악가이자 아낌없는 찬사를 받아 마땅한 음악가입니다. 그래서 그는 우리를 우리 자신과 화해시키고, 우리 자신과 다시 친구가 되게 하고, 우리에게 삶의 근본적인 요소인 쾌락을 되찾게 해줍니다. 그는 우리가 좋아하는 것을 경탄할 수 있게 해줍니다."(1972년 11월 8일)

그리고 늘 그렇듯이 우리는 역설을 개의치 않는다. 역설들을 배치하고, 모든 요소가 하나의 심포니를 이루는 음악에서는 특히 더 그렇다. 라벨은 곧 장켈레비치가 말하는 수줍음이지만, 또한 인위적 구성주의요, 유희요, 게임의 규칙을 변형시키는 즐거움이기도 하다, 〈볼레로〉 같은 작품이 그렇다. 장켈레비치는 이 작품을 "눈을 고정한 채 우리를 응시하는 뱀"에 비유한다. 혹은 어떻게 "30분 분량의 음악을 16마디의 주제로, 어떤 전개나 변주 없이, 오로지 악기 편성의 다양성, 즉 플루트·클라리넷·오보에·오보에 다모레·트롬본·색소폰 등 새로운 음색의 추가만으로 채울 것인가 하는 문제라고 한다. "화성의 빈곤"이지만, "그런 것을 고려해야만 했다"라고 말한다. 〈왼손을 위한 협주곡〉 같은 작품이 그런 경우다.

"신사 숙녀 여러분, 여러분은 사람이 왼손 다섯 손가락으로 무엇을 할 수 있는지 모두 보게 될 것입니다. (…)라벨은 다섯 손가락만으로 오케스트라의 모든 목소리가 하는 것보다 더 많은 것을 이뤄냅니다."《《라벨》, p. 86~87》

라벨은 가면을 쓰고 앞으로 나아가지만, 그의 마음은 분명 거기, 그의 음악 속에 온전히 존재한다. "그는 내면의 진실을 가리기 위해 현실 세계를 이용한다. 그러므로 외면에 대한 인식, 지성을 통한 우주에 대한 관조는 그에게는 수줍음의 형태들이다. 요컨대, 그는 자기 얘기를 하지 않으려고 사물에 대해 말한다(연주하고 작곡한다는 말도 덧붙일 수 있을 것 같다)"《《같은 책》, P. 143》.

〈어린이와 마법〉이 주는 감동에 대해 장켈레비치가 하는 얘기를 들어보아야 한다.

"경이로운 곡 〈어린이와 마법〉, 이 곡은 지금까지 들어본 것 중에서 가장 감동적이고 매력적인 작품으로, 눈물 없이는 들을 수 없다."《〈프랑스 뮈지크〉, 1972년 10월 25일》

라벨이 보여주는 가면과 전시의 예술, 겉치레 속에서 울고 싶어 하는 그 욕망 속에는 발타자르 그라시안의 뭔가가 엿보인다. "라벨의 음악이 표현 없는 오락이라는 건 사실이 아니다." "그것은 간접적이고 비스듬하게 표현된다. 생각하는 바와 다른 것을 말하거나, 혹은 그 반대로 한다"(《라벨》, p. 159). 그의 줄타기 곡예를 분별 있게 잘 해석하는 건 청자의 몫이다(《같은 책》, p. 137). 이 유머, 환상을 품지 않는 능력을 잘 보여주는 예는 라벨이 1906년에 작곡한 연가곡 〈자연사Histoires naturelles〉에 실린 '백조'인데—나머지 네 마리 동물은 여러분이 직접 감상해 보시라—모든 게 로엔그린의 순수한 새로 시작해서 민달팽이와 진흙을 먹는 가금家禽으로 끝난다고 장켈레비치는 말한다.

백조가 되고 싶은… 너무나 백조가 되고 싶은 사람들에게 권하노니, 라벨의 정신을 기억하고, 귀뚜라미를 더 좋아하시라.

# 포레

가브리엘 포레. 19세기 말과 20세기 초의 이 위대한 작곡가는 블라디미르 장켈레비치에게는 그저 내재성과 화성의 음악가만이 아니었던 것 같다. 마치 어떤 저너머 세계와의 만남처럼, 음악이 선율적으로 너무나 공기처럼 가볍고 미묘해서 그 후 '포레 풍'이라는 수식어가 붙기까지 한 포레는, 철학자 자신의 말에 따르면 그의 첫 번째 철학 선생이었다. 포레의 음악을 들으면서 음악의 정의와 철학의 정의를 파악했다는 의미에서 그렇다. 둘은 서로 뒤섞이면서, 변증법적으로, 하나가 다른 하나를 정의하고, 다른 하나와 더불어 서로를 정의한다. 장켈레비치의 철학은 형언할 수 없는 것, 표현할 수 없는 것, 그가 "매력"이라거나 "뭐라-말할-수-없는-것"이라고 부르는 것의 표현에 대한 탐구로 정의할 수밖에 없지 않을까? 매력을 파악하기 위해서는 음악이 필요하다. 매력을 말한다는 건 곧 그것을 사라지게 하는 것이니까.

> "매력을 가짐과 동시에 매력을 말할 수는 없다. 그것을 설說로 푼다는 건 더더욱 그렇다. 매력은 유머, 지성, 혹은 겸손처럼 오직 완전한 천진함과 자아 불식不識 속에만 존재하는 불안정한 특질 중 하나다. 안겔루스 질레지우스의 말을 빌리자면, 내가 무엇인지 나는 모르며, 내가 아는 자는 내가 아니다." 《포레와 표현할 수 없는 것》, p. 413)

여러분은 그 희미해지는, 그 붙잡기 어려운, 그 너무나 가벼운 존재 방식을 들을 수 있다. 음의 밑바닥에서 솟아오르는 그 오케스트라를 위한 〈파반느〉를….

> "매력은 위안이며. 게다가 매력은 평온함을 위한 기도 같은 것이기도 하다." 《같은 책》, p. 433)

장켈레비치는 이 발라드 F단조를 듣고 포레가 "존재하지 않는 것들에 대한 욕망"을 품고 있다고 생각한다. 어떤 이들은 이 발라드를 봄처럼 화사하고 숲처럼 고요하다고 느끼고, 어떤 이들은 듣기만 해도 "가버린 우리 젊음의 메아리"를 듣는 듯 그리움에 젖는다.

"그렇다, 모두가 이 매력과 부존재 不存在의 작품에서, 그것이 우리에게 가져다주는 이해 불가의 혼란 속에서, 자기 자신을 알아볼 수 있다. 바로 거기에 우리가 음악이라고 부르는 것이 있지 않을까?" (《음악과 형언할 수 없는 것》, p. 96~97)

음악이 철학에 대해 갖는 특권은 무엇인가? 음악은 철학에서는 부족으로 여겨질 수 있는 것에서 자신의 힘을 끌어낸다. 이 발라드에서 우리가 듣는 것은 봄인가 슬픔인가? 누가 옳은가? 누구도 옳지 않고, 모두가 옳다. 음악은 스스로 모순되는 말을 할 수 없거나, 아니면 오히려 항상 그리고 끊임없이 모순되는 말을 하면서도 진실과의 관계에서 타격 없이 남을 수 있다. 음악은 모순의 변증법이다. 바로 그래서 음악은 제1의 철학, 형이상학이다.

"음악만이 여러 가지 의미를 한꺼번에 전개할 수 있습니다. 그 의미들이 서로를 방해하는 일 없이 말이죠. 예술은… 마치 대위법 작곡에서 그러듯 그것들을 서로 대비시켜서 쓰는데, 음악은 그런 점에서 혼자죠. 음악은 양의성兩意性이 무엇인지 모릅니다."〈〈프랑스 앵테르〉, 1978년 2월 20일〉

"음악이란 무엇인가? 가브리엘 포레는 번역할 수 없는 지점, 우리를 존재하는 것 위로 끌어올리는 매우 비현실적인 공상을 추구하며 그렇게 묻는다." 이는 1961년에 출간된 장켈레비치의 책《음악과 형언할 수 없는 것》의 첫 구절이다. 그는 음악을 듣고, 음악을 사유하는 법을 찾음과 동시에, 자신의 형이상학과 자신의 도덕, 더 간단하게는 인간의 삶을 정의한다. 기만과 우아함 사이에 있는, 진지하면서도 피상적이고, 전복적이면서도 경박한 인간의 삶을《같은 책》, p. 5~6).

# 눈 위의 발자국

1949년에 출간된 《드뷔시와 신비》는 1976년에 《드뷔시와 순간의 신비》로 바뀌면서 장켈레비치의 핵심 개념 중 하나인 순간을 되찾는다. 이 음악학적 연구를 그의 도덕 및 형이상학적 철학과 별개로 읽어서는 안 된다. 왜냐하면, 가브리엘 포레에 관한 책을 처음 출간한 1938년부터 리스트에 관한 저술이 출간되는 1998년까지, 19세기와 20세기의 음악가들에 관한 그의 연구는 그의 철학이 지닌 섬세함, 그가 "봄"이라든가 "거의-아무것도-아닌-것", "네버 모어", "사라지는-나타남", 음악과 삶 사이의 파괴할 수 없는 끈, 모든 사람의 경험에서 "불협화음"이 갖는 중요성 등에 부여하는 그 의미들을 이해하는 데 결정적인 역할을 할 터이기 때문이다. 장켈레비치는 이렇게 쓴다.

"드뷔시는 다른 사람들처럼 시들어가는 것의 달콤한 멜랑콜리에 취해 있었다. 때 이른 죽음이 약속된 그였기에, 다른 많은 사람처럼 그도 시든 것들에 대한 말할 수 없는 매력을 느꼈다 (…) 하지만 드뷔시에게는 문학적 신경쇠약증 이상의 뭔가가 있다."(《드뷔시와 순간의 신비》, p. 37~38)

그에게는 장켈레비치가 "꾸물거림"이라고 부르는 것, 뭐라 설명할 수 없는 신비, 질질 끄는 기법 같은 것이 있는데, 〈전주곡〉 1권의 "눈 위의 발자국"이 그렇다.

장켈레비치는 이 곡을 수도 없이 반복해서 연주하며, 순간이라는 이 밤의 섬광, 이 사라지는 나타남에 대한 설명을 시도한다.

"다시 한번 〈눈 위의 발자국〉을 들어보자. 육체적인 인물은 부재하지만, 그러나 발자국의 수수께끼 같은 흔적 속에 누군가가 있다, 거기를 지나간 사람—낯선 이, 사라진 누군가의 영혼이 여전히 겨울의 지극한 고독 속에 살고 있다. 이 부재

不在-현존現存에 관한 생각은 우리를 곤혹스럽게 하고, 공포
스러울 만치 우리를 혼란스럽게 한다. 왜냐하면 태초 이래 이
세상에 존재한 모든 존재의 잠재적 현존이 그 안에 있기 때문
이다."(《같은 책》, p. 354)

이해되시는가, 삶을 옥죄는 이 이중의 무("삶을 양쪽에
서 에워싸고, 침묵의 양 끝 사이에서 그 지속을 옥죄면서, 그 삶의
실증성을 고양하고 비장하게 하는 이중의 무", 《같은 책》, p. 355),
그것은 우리에게 그 삶의 빛 역시 들을 수 있게 해준
다. 그 짧음, 깊은 밤 속의 그 빛, 깊은 겨울 속의 그 봄
을 들을 수 있게 해준다.

"눈 *위의* 발자국. 그 발자국은 어디에서 왔을까? 어디로 가는
걸까? 이 발자국들은 아무 데서 아무 데로 간다. 즉, 그 발자
국들은 아무 데로도 데려가지 않는다."(《같은 책》, p. 356)

그러나 그 발자국들은 결코 절망의 발자국이 아니
다. 그것들은 둘-사이의 발자국들, "인접지의 신비"를
지닌 발자국들이다. 여기서 우리는 다시 또 "뭐라-말

할-수-없는-것"과 "거의-아무것도-아닌-것"을 듣는다. 부동의 소리를 듣는 것 같지만, 그것은 움직임 그 자체, 산책자 없는 움직임이다. 게다가 이 눈 속의 발자국들은 흔적이다.

"드뷔시의 음악 속으로 깊이 빠져들면 나로서는 멈추기가 매우 어렵습니다. 그것은 끝없는 움직임의 상황들, 움직임 그 자체입니다."(1975년 11월 2일)

친애하는 블라디미르, 우리를 위해 〈눈 위의 발자국〉을 좀 연주해 주실 수 있을까요?

"〈눈 위의 발자국〉에는 인상주의와 상징주의가 모두 있지만, 특히 인상주의가 있는 것 같아요."(1979년)
"우리는 이 작품을 완전히 인상주의 작품으로, 드뷔시 자신이 무소르그스키의 〈어린이들*Enfantines*〉에 대해 말한 것, 즉 흐트러진 기보記譜들을 연결하는 신비로운 끈으로 연결된 섬세한 터치들에 관해 언급한 것의 해설 같은 것으로 간주할 수 있습니다. 인상주의는 강한 인상을 주는 것, 마치 붓질을 가하듯 어떤 인상을 창조하는 것입니다. (…)

〈눈 위의 발자국〉에서, 거기를 지나간 낯선 이가 남긴 그 흔적은 사라지게 될 일시적 인상일 뿐, 진짜 각인, 진짜 흔적이 아닙니다. 실재하는 유일한 것은 지나가면서 발자국을 남긴 낯선 이의 존재입니다. 따라서 드뷔시의 인상은 일어난 일이지만 현실에 어떤 흔적도 남기지 않은 무언가와 결부됩니다. 실존하지 않는 것, 그건 흔적일 뿐입니다. 흔적은 곧 사라지는 흔적이고, 그런 것이 진짜 흔적이죠."(〈프랑스 뮤지크〉, 1976년 4월 28일)

# 뭐라-말할-수-없는-것의 매력

이 "뭐라-말할-수-없는-것"이라는 문구는 장켈레비치가 골랐다. 뭔가를 좀 더 명확하게 말하거나, 그것을 이러저러한 곳에 고정하고, 그것에 어떤 결정적 색깔을 부여하기가 어렵거나 심지어 불가능해서다. 예를 들면 행복의 색깔 같은 게 그렇다. 그렇다, 불가능하다. 이 뭐라-말할-수-없는-것은 때로는 행복의 편에 있지만, 때로는 그렇지 않다. 행복할 수 있는 모든 걸 지녔는데도 영혼에 뭐라-말할-수-없는-것이 남는데, 그것이 꼭 우울과 슬픔을 호소하는 건 아니다. 반대로, 겉으로는 행복할 게 별로 없는데도 영혼에 활력을 불어넣고 빛을 비추는 뭐라-말할-수-없는-것이 공기 속에 있다. 그럴 때 당신은 분명 이… 뭐라-말할-수-없는-

것이 있음을 확신할 수 있다.

"행복해지는 데 필요한 모든 걸 가지면, 누구나 행복을 대면하게 되고, 누구나 행복을 시험해 볼 수 있습니다. 당신이 베네치아 여행을 꿈꾸면서 수년 동안 산 마르코 광장과 교회들의 프레스코화를 보기를 바랐다고 가정해 봅시다. 그래서 베네치아에 왔는데, 막상 베네치아에 도착해 보니, 비도 오지 않고 날씨가 좋은데도 왠지 큰 공허함이 느껴지고, 마치 거대한 사막에 와 있는 듯한 기분이 듭니다. 당신이 훔친 그 행복을 느낄 수 없는 거죠. 이는 누구나 흔히 경험하는 일입니다. 나는 베네치아를 예로 들었습니다만, 프랑스 도시 루베를 예로 든다면 아무래도 그런 특성이 덜 두드러지겠죠."(《프랑스 퀼튀르》, 1980년 2월 7일)

루베에 있든 베네치아에 있든, 뭐라-말할-수-없는-것은 종종 부정적인 것, 공허한 것, 나머지 것, 선형적 인과관계에서 벗어난 것, 좀 더 시사적으로는 고전적 추론에서 벗어나는 것을 통해 느껴진다. 그것은 단순히 하나의 감정이 아니라, 인지적 감정, 깨달음에서 오는 감정, 사물에 대한 예민한 의식에서 오는 감정이지만, 그걸 말로 표현하면 사라져 버리고 말 것이다. 그것은 이성이 늘 말로 표현하지는 못하는 이 세계의 여분 surplus을 나타냄과 동시에, *사실*은 표현할 수 없는 것을 파악할 수 있는—더 정확한 말로 정의할 수는 없을지라도—이성의 여분도 나타내는 일종의 매력이다. 장켈레비치는 이렇게 요약한다.

"어쨌든 우리는 철학 없이, 음악 없이, 기쁨 없이, 사랑 없이 살 수 있듯이, 이 뭐라-말할-수-없는-것 없이도 살 수 있다. 하지만 그리 잘 살 수는 없다."《제1의 철학》

그런 여분을 부정명제로 파악하는 이 뭐라-말할-수-없는-것은 우리 삶의 모든 가치를 나타낸다. 영원의 느낌, 서스펜스의 느낌에 가깝지만, 그 자체로는 오직 한순간의 공간만 사는 인지되지 않는 것이다. 그 공간을 장켈레비치는 "순간의 가는 *끄트머리*"라고도 표현한다.

그래서 그는 이 뭐라-말할-수-없는-것에 대해 뭔

가 말하고자 할 때, 이미지에 의존하지 않고 가브리엘 포레나 드뷔시의 음악 쪽으로 돌아선다.

"음악은, 무엇이건 본질적인 것은 파악할 수 없고 형언할 수도 없는 이 뭐라-말할-수-없는-것이라는 사실을 증언한다. 그것은 우리에게 다음과 같은 확신을 굳혀준다. 즉, 세상에서 가장 중요한 것은 바로 말할 수 없는 것이라는 사실 말이다. 그것 외에는 어떤 것도 수고할 가치가 없다."(《미완 속 어딘가》, p. 291~292)

장켈레비치가 드뷔시의 〈불꽃놀이〉를 사라짐과 나타남에 보내는 눈짓 같은 것, 빛의 번쩍임과 꺼짐 같은 것으로 보며 어떻게 서술하는지 보자.

"끊임없이 빛나는 광채는 피로와 지루함만 내뿜는다. 빛나는 것의 조건은 바로 그것이 지속되지 않는 것이다! 무한히 작은 변동만으로도 부정이 긍정으로 선회할 수 있고, 지각하기 힘든 작은 변환만으로도 사라지는 나타남에서 비롯된 실망이 나타나는 사라짐에 기인하는 찬란함으로 바뀔 수 있다."(《드

뷔시와 순간의 신비》, p. 341)

그가 드뷔시를 즉흥과 중단의 거장으로, 인생 자체에 대한 은유로 삼는 것도 바로 이런 이유에서다. 뭐라-말할-수-없는-것은 드뷔시적이요, 거의-아무것도-아닌-것도 드뷔시적이다. 이 음악가의 짧은 삶이 그렇듯이. 삶의 중단된 세레나데는 그런 것이다. 즉 작별 인사 없이 작별하는 것(《같은 책》, p. 316~317), 이 교묘한 요술이 소위 죽음이라는 것이다. 어느 순간 더는 아무것도 없게 된다. 거의-아무것도-아닌-것조차 남지 않는다.

# IV

# 참여와 역사의 사상가

# 1968년 5월

장켈레비치와는 종종 그렇듯이, 그의 사상의 진실에 접근하려면 몇 가지 우회로를 거쳐야 한다. 물론 그의 말을 들어보아야 한다. 그는 자신을 무엇보다도 우선 구어口語의 철학자라고 칭했으니까. 또한 그의 작품을 읽어보아야 하고, 젊은 날의 친구 루이 보뢱과 주고받은 《서간집》을 읽어보아야 한다. 1968년 5월이라는 역사적 사건 하나를 예로 들어보자. 그는 그 사건이 중요하고 유익하다고 말했다.

1968년 5월은 '해빙'이었다. 물론 미래가 없는 혁명이었지만, 그럼에도 1968년 5월은 청년층의 민주적 즉흥성 같은 걸 엿보게 해주었고, 장켈레비치는 프랑스의 먼 과거의 집단 무의식, 1789년의 그것을 엿본 듯한 느낌을 받았다고 털어놓는다.

> "우리가 본 것은 아마 1789년에 파리 시민들이 했던 것일 거예요. 우리는 어느 정도는 1789년 때와 마찬가지로 젊은이들이 아무것도 모르면서 즉흥적으로 행동하는 것을 보았죠. 어쨌든 같은 젊은이들이고, 그들도 프랑스인들이었습니다, 그것이 집단 무의식에 축적되어 있었던 거죠."(〈프랑스 앵테르〉, "라디오스코피", 1979년 10월)

이 말을 할 때 그는 주변의 생각과 타협했던 걸까? 꼭 그렇다고 할 순 없다. 분명 그도 그런 생각을 했기 때문이다. 하지만 과제 첨삭 업무와 강의실의 소란, 감사할 줄 모르는 무지한 학생들 등에 대해 불평하는 다른 교수들처럼, 장켈레비치도 그들을 비하하고, 그들에게 짜증을 내고, 심지어 환멸까지 느끼는 순간들이 있었다. 1969년, 그러니까 1968년 5월 사건 직후, 그는 루이 보뒥에게 보낸 편지에서, 예전의 모습을 찾을 수 없게 된 붕괴하는 대학에 대해 이렇게 서술한다.

"지금으로서는 미래가 참 의문스럽다네. 이 순간, 프랑스 대학은 더는 존재하지 않아. 대학은 파괴되었네. 폐허와 잔해들만 남았지. 그게 목적이었다면, 이런 결과를 자축할 수 있겠지. 어쨌든 소르본 대학은 이 편지지의 윗부분에 박힌 로고로만 있을 뿐 더는 존재하지 않아. 이제는 강의도, 교육에 대한 만족감도 없는데, 잡무는 전과 다를 바 없어. 논문은 그 어느 때보다 많이 나온다네."

하지만, 장켈레비치는 1968년 5월이 갖는 중요한 몫, 즉 그 저항을 인정했다. 달리 말해서, 그것이 철학을 보여주었다는 점, 말로 하는 철학이 아니라 "실천하는 철학"을 보여주었다는 점 말이다. 그에게 철학을 한다는 건 무엇보다도 "아니오"라고 말하는 것, 저항하는 것이기 때문이다. 그는 곧잘 "그 학생들이 그렇게 바보는 아니다"라고 말하곤 했다. 그들은 "아니오"라고 말하는 행위의 중요성을 잘 알고 있었다. "동의하지 않는 것이 도덕의 시작이다."

그는 늘 주변부에 있었다. 그러길 바라서가 아니라, 그저 패거리 정신이 없어서였다. 그런 아웃사이더로서,

그는 1968년 5월의 학생들에게서 동질감을 느꼈다. 그들을 "공부하는 종족"이라고 말할 수는 없고 그럴 생각도 전혀 없다. 그런다면 독직瀆職이 될 것이다. 장켈레비치는 그렇게 부도덕하지 않았다. 다만, 그는 진심으로 학생들을 사랑했으며, 이 "야만인들의 공화국"은 그를 삶과 화해시켜 주었다.

공식적으로, 장켈레비치는 1968년 5월을 열정적으로, 열렬히 지지하게 된다. 비록 사적인 편지들에서는 분명 좀 더 비판적이었지만, 장켈레비치의 젊은이다움은, 1968년 5월 그 자체보다는 1968년의 정신에 지지를 보낸다. 어쩌면 우리는 오늘날, 아주 자유로운 상태에서, 그를 만나보고 그가 그해 5월을 언급할 때 한 그 "거대한 엉망진창"이라는 말이 정확히 무슨 뜻인지 설명해달라고 요구해야 할지도 모른다. 그는 그 학생 봉기의 어떤 점이 좋았는가? 반란이라는 개념, 학생들의 현실, 배우는 사람들의 현실이 좋았던 건 확실하다. 한데 그 모든 걸, 다른 것이 아닌 1968년 5월과 결부시켰는데, 바로 이점, 그가 정말로 1968년 5월을 좋아했다면, 거기에는 분명 어떤 매력이 있었을 것이다.

# 시효 없는 것

장켈레비치는 우리가 알 듯 위대한 형이상학자이자 도덕론자다. 그래서 그는 역사, 세계에의 참여, 저항 사상, 악의 문제 등을 사유한 사상가이기도 하고, 또한 2차 세계 대전 이후에 탄생한 개념, 그에게는 단순한 법적 차원을 훨씬 뛰어넘는 중대성을 갖는 개념, 즉 시효 없는 것의 사상가이기도 하다. 그는 이 개념을 제목으로 한 책의 일러두기에서 이렇게 쓴다.

"집단 수용소 수용자들, 유대인들, 레지스탕스 대원들이 아우슈비츠와 오라두르를 너무 자주 환기하여 동시대인들을 지치게 하고 있다는 이야기를 이따금 듣는다. 우리 동시대인들은 그런 얘기가 이제 좀 지겨운 모양이다. 그들은 사람들이

다른 것에 대해 이야기하기를 바라는 것 같다…. 하지만 학살 생존자들의 견해는 다르다."(《시효 없는 것》, p. 13)

이는 증오하고, 복수를 요구하고, 한풀이의 권리를 주장하는 데 불망不忘을 써먹어야 한다는 뜻일까? 물론 그건 아니다. 그러나 망각은 용납될 수 없다. 망각의 거부가 영원히, 세상이 끝날 때까지 인권人權을 보호하는 근거가 되어야 한다는 의미에서 그렇다. 시효 없는 것은 역사를 과거형이 아니라 현재형과 미래형으로 활용하게 한다. 이것과 더불어, 역사는 우리의 세계, 우리의 가치들, 우리의 정치적 결정들, 우리가 현재와 미래 세대에게 전하고 싶은 것 등을 이끌고 간다. 시효 없는 것은 역사의 생명이지 화석화된 것이 아니다. 그것은 우리에게 인간 존재가 선하다는 환상을 품지 말 것을 요구한다. 인간이 최악의 비인간성과 비열함과 야만성을 가질 수 있음을 알려준다. 시효 없는 것, 그것은 우리 앞에 늘 역사가 있음을 알려주는 것이다.

언제나 다시 꽃을 피우는 자연 앞에서, 잊는 것을 막을 수 있는 유일한 방도는 문화뿐이다. 장켈레비치는 이렇게 쓴다.

"규범적 가치가 없는 자연스러운 과정인 시간이 아우슈비츠의 그 참을 수 없는 공포에 완화 효과를 낼 수 있다는 건 대체로 이해할 수 없는 일이다."《같은 책》

그리고 장켈레비치는 〈뉴욕타임스〉의 편집장으로 일한 아우슈비츠 생존자 로젠탈의 말을 인용한다.

"브레진카(아우슈비츠)가 더욱더 끔찍했던 것은 아마도 태양이 따뜻하게 빛났고, 포플러 가로수가 보기에 그윽했으며, 아이들이 입구 근처 풀밭에서 놀고 있었기 때문일 것이다. 태양이 빛나고, 아이들 웃음소리가 들리고, 자연이 밝고 푸르다면, 그건 악몽에서나 일어날 법한 어떤 경이로운 이상異常 현상 때문이었을 거니까. 그곳에서는 풀이 마르고 태양이 영원히 빛나지 않아야 마땅했을 것이다."《같은 책》, p. 27~28)

시효 없는 것, 그것은 돌이킬 수 없는 것의 역사적 비극적 의미다. 이 시효 없는 것에 대한 의식이 없다면 소위 그 "유일한 봄날 아침"은 존엄성도, 우아함도, 정치적 의미도 전혀 갖지 못한다. 붙잡아야 할 순간들은 도덕적으로나 정치적으로나 시효가 없다. 그것들은 우리를 참여로 이끈다. 장켈레비치의 얘기를 들어보자.

> "그렇다, 일어난 일에 대한 기억은 우리 안에서 지워지지 않는다. 수용소 생존자들의 팔에 지금도 새겨져 있는 문신처럼 지워지지 않는다. 매년 봄이면 나무들은 아우슈비츠에서도 꽃을 피운다. 어디서나 그러듯이. 풀은 이 저주받은 들판에서도 역겨워하지 않고 자라기 때문이다. 봄은 우리 집 정원과 말할 수 없이 비참한 이 장소를 구별하지 않는다. 오늘날, 궤변가들이 우리에게 잊으라고 권할 때, 우리는 그 증오의 개들 앞에서 우리가 느끼는 무언의 무기력한 공포를 힘차게 표출할 것이며, 그 무덤 없는 수용자들과 돌아오지 못한 어린아이들의 고통에 대해 깊이 생각할 것이다. 그 고통은 세상이 끝날 때까지 지속될 테니까."(《같은 책》, p. 62~63)

시효 없는 것, 그것은 인간의 야만성 앞에서 인간이 토하는 끝없는 헐떡거림이다.

# 용서

1967년 장켈레비치는 《용서》를 출간하여, 용서할 수 없는 일이라는 불가해한 문제를 되짚어 본다. 만약 우리가 용서할 수 있는 일만 용서한다면, 그것을 정말 용서라고 할 수 있을까? 진정으로 용서일 수 있으려면, 무조건적인 용서여야 할까? 아니면 반대로, 용서할 수 없는 일들이 있기에 도덕이 존재하는 걸까?

"용서한다는 건 끊임없이 다시 시도해야 하는 노력이며, 그 시험이 어떤 경우에는 우리 힘의 한계에 도달한다고 해서 놀랄 사람은 아무도 없을 것이다." 《용서》, p. 7)

이 딜레마를 해결하려고 애쓰지 마시라. 진정한 모

든 딜레마가 그렇듯이, 이 딜레마도 해결할 수 없는 문제다. 용서와 용서할 수 없는 일 사이의 이 긴장은 우리가 타자와 맺는 책임 관계 전체를 물들인다. 그리고 장켈레비치의 삶에 가만히 다가가 보면, 그의 작품과의 양면성이 지속해서 나타난다. 왜냐하면 장켈레비치는 독일인들을 끝내 용서하지도, 용서하고 싶어 하지도—아마 그는 용서에 이르지 않게 되길 바랐을 것이다—않기 때문이다. 사형 집행자들만이 아니라 독일 철학 전체도 말이다. 이는 당연히 이해하기 힘든 행동일 것이다. 이해할 수 없는 일은 이해의 영역에 속하지 않기 때문이다. 그 자신도 나중에 인정하듯이, 그의 이 행동은 다른 데서, 수용소의 공포 앞에서 지른 비명에서 비롯된다.

또한 그것은 다른 무엇보다도 "용서는 죽음의 수용소에서 죽었다"라는 사실에서 비롯된다(《시효 없는 것》, p. 50). 장켈레비치는 너무도 끔찍하고 정당하게 그렇게 적고 있다. 그가 누구인가? 교수이자 음악학자인 그가 누구를 용서한단 말인가? 용서할 수 있었던 사람들은 사라졌고, 생존자들, 증인 같은 사람들은 그런 제스처를 훔칠 수 없다.

"사람들이 우리에게 용서를 구했는가?" 장켈레비치는 이 물음을 생의 마지막까지, 거의 격렬하게, 또박또박 끊어서 내뱉는다. 너무도 또랑또랑한 그의 목소리에서, 우리는 공포 앞에서 느끼는 감정의 흔적과 분노를, 지워지지 않는 잔학 행위에 대한 거부를 듣는다.

"독일에도 내 동료들이 있는 것 같아요. 당연히 그렇겠지요. 글쎄, 당신이 내 말을 믿으실지 모르겠지만, 아마 믿지 못하실 거예요. 지금까지 나는 단 한 통의 편지도 받은 적이 없습니다. 누구도 내게 자신이 얼마나 부끄러웠는지를 전하는 짧은 편지, 하찮은 편지 한 통 보내지 않았어요. 대개 그들은 도덕을 가르치는 선생들인데, 아무래도 그게 그들의 도덕 같아요. 나는 편지를 받은 적이 없습니다. 편지를 받지 못해 화가 난 게 아녜요. 사실 나는 너무 많은 편지를 받으니까요. 도덕 선생을 자처하는 사람, 남을 가르친다는 사람이 그런다는 게 나로서는 너무나 염려스러운 겁니다. 젊은 친구들은 더러 있어요. 소르본 대학에는 온갖 나라 출신들이 있으니, 독일 젊은이들도 많죠. 그들은 어쩌다 한마디씩 하기도 했고, 그중

몇 명과는 친분도 있어요. 그러니까 우리는 마치 구명보트에 매달리듯, 그런 말을 해주는 젊은이의 소맷자락에 필사적으로 매달리는 꼴이죠. 하지만 그들의 연장자들은 잘 먹고, 잘 자고, 사업도 잘합니다. 아시다시피 마르크화는 잘만 돌고, 사업도 번창합니다. 그들은 몹시 만족스러워하고, 우리에게 빚진 것도 전혀 없죠. 우리에게 뭐라 설명할 필요도 없고요. 당신은 그래도 좋다고, 그래도 괜찮다고 생각하시나요?"(〈프랑스 앵테르〉, "가면과 깃털", 1980년 2월 24일)

이 문제 제기는 중대한 에피소드를 낳는다. 많은 독일인이 장켈레비치에게 용서를 구했기 때문이다. 그들 중 한 사람인 비아르트 라벨링이 특히 그랬다.

1978년에 가진 베아트리체 베를로비츠와의 인터뷰에서, 장켈레비치는 자신의 결의를 다시 한번 이렇게 다짐한다.

"나는 아우슈비츠에 끌려가지도 않았고 부모님도 수용되지 않은, 실로 믿을 수 없는 엄청난 행운을 누렸습니다. 그런 나에게는 증언하는 것이 신성한 의무입니다. 지칠 줄 모르고 증언하는 것. 자신이 증언하는 지옥을 직접 겪지 않은 사람의 기억에 시간의 한계란 없죠. 내가 그 사형 집행인들의 손을 잡는 일은 절대 없을 거예요. (…)나는 당신들에게 회복 불가능한 것을 회복 받는 기쁨을 안겨주지 않을 겁니다."(《미완 속 어딘가》, p. 76)

그렇다, 용서는 추잡스럽다. 하지만 유일하게 숭고한 일이기도 하다.[12]

---

12 "용서는 부조리하고, 불합리하고, 추잡스럽기까지 하지만, 그럼에도 그것은 숭고한 일이다."

# 비아르트 라벨링

 1980년 6월, 중등학교 프랑스어 교사 비아르트 라벨링은 독일인, 특히 독일의 동료 철학자에게서 용서를 구하는 편지를 단 한 통도 받은 적 없다는 장켈레비치의 탄원을 듣는다. 1939년에 태어난 비아르트 라벨링은 2차 세계 대전의 범죄들에 대해 결백한 사람이었지만, 그 탄원이 자기 삶과 문화와 책임과 분리될 수 없다고 여긴다. 다른 많은 사람과는 달리, 그는 용서를 구하고 싶었고, 그래서 장켈레비치에게 편지를 보낸다.

"친애하는 장켈레비치 선생님,
그들은 600만 명의 유대인을 죽였지만, 잘 자고, 잘 먹고, 마르크는 잘만 돕니다. 저는 유대인을 죽이지 않았습니다. 제가 독일인으로 태어난 건 저의 잘못도 저의 장점도 아닙니다. 아무도 저에게 허락을 구하지 않았어요. 저는 나치 범죄에 대해 완전히 결백합니다. 하지만 이 사실은 그리 위로가 되지 않습니다. 제 양심은 편치 않습니다. 양심의 가책을 느낍니다. 수치심, 연민, 체념, 슬픔, 불신, 반감이 뒤섞인 감정을 느낍니다. 늘 잘 자지도 못합니다. 제가 〈밤과 안개〉라는 다큐를 본 날 밤이 기억에 생생합니다. 아버지는 평소처럼 코를 골고 계셨고, 어머니도 평온하게 주무셨지만, 저는 텔레비전을 켜고 그 인간성의 어둠을 지켜보았습니다. 무자비한 불도저에 의해 구덩이 속으로, 죽음의 품속으로 떠밀려, 공통의 운명 속에 뒤엉켜 있는 그 시체들을 보았습니다. 그 모든 일이 제복을 입은 동포들의 무자비한 두 눈 아래에서, 아무리 사랑스러운 풍경에도 눈 하나 깜짝하지 않을 것 같은 그 눈들 아래에서 벌어졌습니다. 전쟁 동안 제 부모님이 한 일에 대해서도 말씀드리지요. 부모님은 1933년에 히틀러에게 표를 주지 않으셨지만, 그가 정권을 잡는 것을, 그가 자칭 성공을 거두는 것을 지켜보기만 했습니다. 장켈레비치 선생님께 말씀드립니다만, 저는 안네 프랑크에 대해, 〈밤과 안개〉에 대해, 고통받은 사람들에 대해 제 자녀들과 이야기를 나누곤 합니다. 장켈레비치 선생님, 선생님께서 혹시 이곳에 들르신다면, 저의 집 초인종을 누르고 들어오십시오. 선생님을 맞이하겠습니다."(〈프랑스 퀼튀르〉, 1995년 6월 10일)

같은 해 7월, 장켈레비치는 이렇게 답한다.

"당신의 편지에 감동했습니다. 저는 이 편지를 35년 동안이나 기다렸습니다. 아무 잘못이 없는데도 혐오를 전적으로 감내하는 사람이 쓴 편지 말입니다. 이는 제가 독일인에게서 받은 첫 편지, 조금도 자기 정당화를 가장하지 않은 첫 편지입니다. 독일 철학자들, *제* 동료들(감히 이렇게 부릅니다만)은 저에게 할 말도, 설명할 것도 전혀 없어 보입니다. 그들의 양심은 태연하기만 합니다. (…)너그러움과 자발성과 생동하는 감성은 일상 언어로도 드러나게 마련입니다. 당신의 말이 그렇습니다. 그런 건 거짓을 모릅니다. 감사합니다."(〈프랑스 퀼튀르〉, 1995년 6월 10일)

하지만 독일로 오라는 초대에 장켈레비치는 부정적으로 답한다. 더는 증오나 원한이나 혐오 때문이 아니라, 다른 이유에서다.

"저는 새로운 시대를 맞이하기에는 너무 늙은 것 같습니다. 너무 오래 기다렸어요. (…)이젠 제가 당신께 이렇게 말할 차례입니다. 언제든 당신이 다른 이들처럼 파리에 오시면, 노트르담 근처, 케 오 플뢰르 1번지에 있는 우리 집 초인종을 눌러주세요. 당신을 봄의 메신저처럼 감동과 감사로 맞이하겠습니다."[13]

"그래서 저는 두근거리는 가슴을 안고 케 오 플뢰르로 그를 만나러 갔습니다. 거기에서, 장켈레비치 씨와 저는 책들 사이에서, 책들 아래에서, 책들 앞에서, 책과 악보와 음악가들의 사진 뒤에서, 그리고 그의 두 대의 피아노 바로 옆에서 마주했죠. 우리는 테이블에 앉았습니다. 센 강이 보였던 것으로 기억합니다. 우리는 오후 내내 얘기하고 또 얘기하며 수다를 떨었고, 때때로 그의 아내가 러시아식 차를 유리잔에 담아 케이크와 함께 내오곤 했습니다."〈〈프랑스 퀼튀르〉, 1995년 6월 10일〉

---

[13] 장-자크 뤼브리나, 《블라디미르 장켈레비치, 거장의 마지막 발자취》, p.194~195.

봄에 대한 환기는 일화적이거나 낭만적인 게 아니다. 그것은 유일한 봄날 아침의 봄, 포착해야 할 순간의 봄, 이 세상과 가치에 대한 우리의 필수적 참여를 축복하는 봄이다. 요컨대 도덕의 봄이요, 꽃을 피워 그 아름다움과 새로움으로 최악의 잔학 행위들을 사라지게 하는 자연의 봄이다. 그래서 또 다른 봄, 용기 있는 영혼을 지닌 사람들의 봄도 있어야 한다.

# 참여하기 혹은 떠벌리기

블라디미르 장켈레비치는 투사나 과격파였던 적이 없고, 물리적 폭력이나 군대의 사도였던 적이 없다. 군 복무 시절 루이 보뒤와 주고받은 서신에서 그는 군모가 그에게 얼마나 두통을 일으키는지를 얘기하며(《편지로 쓰인 일생》, p. 121), 군모를 비딱하게 착용하여, 너무 군인다워 보이지 않기를 바란다.

> "내 개성의 폭발을 억누르는 빳빳한 칼라와 군모 때문에 더는 미소를 지을 수가 없어. 무엇보다 아침에 부츠를 신는 게 참 고역이야. 안간힘을 쓰지. (…)그러다가 마침내 두 발을 집어넣으며 외친다네 – "프랑스를 위하여!""(《같은 책》, p. 121)

때는 1926년, 그러니까 프랑스와의 관계가 아직은 "풀 먹인 듯하고, 단순하고, 충성스럽고, 삼색이어서" 그를 기쁘게 할 때다. 아직 그는 비시 정권의 반유대주의 법령에 따라 해직당하지 않았고, 그가 사랑하는 나라, 그가 "달콤한 나라"(《같은 책》, p. 184)라고 정의하는 나라로부터 "불순분자"라는 선고를 통고받지도 않았다.

이제 그는 국가적 치욕과 역사의 거대한 문을 통해 참여의 길로 막 들어서려는 참이다. 단지 유대인이라는 이유로 위험에 처하고 지하에 숨어 살아야 했을 때, 그는 마음속 깊이 철학과 음악에 애착했으나 그저 참여하는 것뿐, 그저 '참여하다'라는 동사의 활용을 중단하는 것뿐, 다른 가능성은 없었다.

"1940~44년에 참전했던 사람들, 그들은 참전 얘기를 하지 않았습니다. 그럴 시간이 없었습니다. 그들은 이 동사를 활용하지 않았고, 그것을 실천했습니다. 1945년에는 참여가 쉬워집니다. 그 당시에는 많은 레지스탕스 전사와 토끼 가죽을 덮어쓴 참여자들이 오직 그 얘기만 했습니다."(1971년 12월 30일)

그러니까 장켈레비치의 말은, 그 "토끼 가죽을 덮어

쓴" 참여자들은 결국… 참여에 참여한다는 얘기다. 그들도 분명 진지한 정신을 지닌 사람들이지만, 진지함의 진정한 의미, 실천과 분리될 수 없기에 말이 필요치 않은 진지함의 참된 의미는 전혀 없다. 진지함은 그럴 시간이 없다. 진지함이 꼭 비범한 건 아니다. 진지함은 바로 참여라는, 동사 활용의 끝, 떠벌리기의 끝과 대면하는 것이다. 진지함은 가면의 반대, "허세 떠는 근엄함"의 반대다.

> "어떤 과잉, 어떤 왜곡, 어떤 변형, 어떤 양식화도 진지함에는 어울리지 않는다. 연출된 어떤 것도, 지면화紙面化된 어떤 것도, 방송화된 어떤 것도, 모범적이고 너무 일방적으로 전형화된 어떤 것도 진지하지 않다."《모험, 권태, 진지함》, p. 240)

"진지함을 명예롭게 하는 것"(《같은 책》, p. 283), 그것은 그저 행동하고 내가 해야 할 일을 하는 것이요, 이 의무를 다른 사람에게 위임하지 않는 것이다. 하지만 그렇다고 해서 화해 불가능한 것이라든가 돌이킬 수 없는 게 다 별것 아니라는 듯 그것들과 시시덕거리며 위험한 얼간이처럼 으스대는, 전혀 진지하지 않은 그런 호전적 인간을 연기하라는 건 아니다. 우리가 알다시피, 장켈레비치는 플라톤 추종자가 아니라 플로티노스 추종자였지만, 전쟁에 대해 말할 때는 전형적으로 플라톤적인 이 문구를 즐겨 인용했다. "진지한 건 전쟁이 아니라 평화다."[14] 평화의 진지함은 지속적이고 규칙적인 참여를 요구하며, 권태에 빠지는 것을 거부하고, 전쟁 선동가들의 때아닌 기개를 거부한다. 전쟁을 떠벌리는 사람들은 평화를 떠벌리는 사람들과 마찬가지로 "진지하지" 않다. 그들은 부산을 떨고 아우성을 치고, 침묵 속에서 귀가 멍해지는 듯한 반응을 보인다. 평화의 진지함을 옹호한다는 건 열렬히 평화주의를 옹호하는 게 아니다. 전혀 그렇지 않다. 장켈레비치는 참전 용사였고, 앙드레 뒤메즈 등, 여러 신분을 가진 레지스탕스였다.

"4년간의 투쟁과 비참, 도사린 위험, 나르본 시청 앞에서 낮

---

**14** 플라톤, 《법》, 제7권, 803 d-e.

선 자와의 수상쩍은 만남, 아침 6시에 울리는 초인종 — 그럴 때 멈추는 심장 박동…, 쫓기는 삶, 위태로운 삶, 당시 사람들이 "지하 활동"이라고 부르기 시작한 지하의 삶."(《시효 없는 것》, p. 283)

1944년 9월 11일, 장켈레비치는 루이 보뒥에게 이렇게 쓴다.

"지하 세계를 떠나 대낮의 삶으로 돌아왔지만 나는 아직도 두 눈과 귀를 비비고 있어(…). 아직 놀라움에서 완전히 회복하지 못했다네. 자유 사용법을 좀 잃어버린 것 같아. 이제는 보도 한가운데로 걸어갈 줄도 몰라. 내 이름을 쓰는 습관마저 잃어버렸어."

그는 다시는 같은 사람이 되지 못한다.

## 원願의 의지

 이미 우리는 장켈레비치의 이 독특한 철학, 결코 모순적이지 않은 역설들의 철학을 여러 차례 되짚어 보았다. 하지만 동어반복 같아 보여도 사실은 그렇지 않으며 그의 주저 《뭐라-말할-수-없는-것과 거의-아무것도-아닌-것》의 마지막 권을 이루는 이 원願의 의지에 다시 한번 잠시 멈춰 볼 수 있을 것이다. 사실, "원하기 위해서는 원이 필요하고, 원을 원하기 위해서는 다시 또 원이 필요하며"(《뭐라-말할-수-없는-것과 거의-아무것도-아닌-것》, 제3권 《원의 의지》, p. 55), 이는 무한히 반복된다.

 "건강한 원願, 시작의 기능을 잃지 않은 분열되지 않은 단순한 원, 모든 해체에 저항하는 원은 원하기로 시작된다. 즉 끝나는 것으로 시작되거나 혹은 시작되면서 끝나는데, 그 원하는 일이 시작된 만큼 빨리 끝나기 때문이다. 원에 대해 우리는 자선慈善에 대해 말하듯이 말할 수 있다. 그것 없이는 아무것도 시작되지 않고, 그것 덕분에 모든 게 귀결한다."(《같은 책》, p. 57)

장켈레비치는, 약간은 도발적으로, 라 팔라스[15]를 자신의 중요한 철학적 참조 인사 중 한 명으로 여기면서 외친다. 원한다는 것, 그것은 원하는 것이며, "어려운 일이 아니다"라고.

"매듭을 풀어서 해결할 수 없는 어려움이 있다면, 우리는 종종 임의로 결심해서 한밤중에 맹목적으로 그것을 잘라버립니다."(〈가면과 깃털〉)

자신이 원하는지 스스로 묻기 시작하는 사람들은 사

---

15 자크 드 라 팔라스(1470~1525). 프랑스 귀족, 육군 원수元帥.(—옮긴이)

실 모두 정말로 원하는 게 아니며, 원하지만 어느 정도까지만 원하는 사람들도 마찬가지다…. 그들은 따지는 것이지, 원하는 게 아니다. 원한다는 것, 그것은 자르는 것, 결심하는 것이다.

> "누군가가 묻습니다. "원하려면 어떻게 해야 하나요?" 그럴 때 이렇게 대답하죠. "원願이 필요합니다." 달리 어떻게 하길 바라시나요? 뭘 해야 하는지 묻는다면 그것은 이미 원하지 않는 것이요, 결심하지 않은 것입니다. 그러니까 용기는 그저 당신 안에 있고, 바로 그것이 신비이고, "뭐라-말할-수-없는-것"과의 연결고리입니다."(〈프랑스 퀼튀르〉, 1980년 2월 7일)

원의 의지는 늘 신비롭고, 합리적이면서 불합리하고, 임의적이면서 필수적이다. 용기가 그렇고, 사랑이 그렇듯이, 그것은 즉석에서 일어나는 일이다. 다른 어떤 상황이 아니라, 이런 혹은 저런 상황의 일이기 때문이다. 하지만 그 이유를 설명하려 할 때, 물론 여러 가지 이유가 모습을 드러낼 수 있지만, 그것들은 언제나 그 원의 크기를, 그것의 뭐라-말할-수-없는-것을 놓치게 될 것이다.

"벌거벗은 의지, 순수하고 단순한 원願은 동시에 그 원 바깥에 있는 다른 어떤 것, 어떤 원해진 것을 원한다."(《뭐라-말할-수-없는-것과 거의-아무것도-아닌-것》, 제3권, p. 59)

이는 결코 우리가 무엇이든 모든 걸 원한다거나, 그 의지의 배후에 전능全能함이 있다는 뜻이 아니라, 반대로, 생의 약동이, 모든 사실적 시작을 뛰어넘는 어떤 시작이, 우리 안에서 불붙는 무엇, 밤 속의 빛 같은 것이 있음을 의미한다고 장켈레비치는 말했다. 자유의 다른 이름인 어떤 각성, 어떤 의식意識 말이다. 그 빛, 그 원점原點, 그것이 바로 자유이기 때문이다. 장켈레비치의 철학은 말할 수 없는 것, 표현할 수 없는 것 주위를 맴돌기에 매우 미묘하며, 그러므로 그는 항상 오해를 사지 않도록 주의해야 한다. 다시 한번 말하지만, 원의 의지는 거의 미학적 태도에 속하는 공허한 원이나 일반적인 원(《같은 책》, p. 60)이 아니라, 자신에 대해 아무것도 말하지 않는 원이다. 그것은 그저 원하고, 시작하고, 행동과 분리될 수 없는 것으로서 모습을 드러내기 때문이다. 그래서 원하기가 그토록 어렵다. 모두가 내심 자신이 시작이 아니라 끝에서 시작한다는 것, 원한다는 건 필연적으로 하다faire와 할 수 있다pouvoir가 된다는 것을 알기 때문이다. 일단 결정이 내려지면 길을 돌이킬 수 없기에, 결정에 오랜 시간을 들인다. "그러니 끝에서 시작하라"(《같은 책》, p. 85)라고 장켈레비치는 명한다. 또는 "원하는 데 선수가 될 필요는 없고, 그저 원만 있으면 된다. 하지만 원이 있어야 한다"(《같은 책》, p. 86)라는 말도 기억해 두자.

## 악 惡

　형이상학과 도덕을 불가분의 관계로 묶은 사상가에게 악의 문제는 근본적이었던 게 분명하다. 1947년, 장켈레비치는 순순히 이 문제만 다룬 한 연구를 아르토 출판사의 "철학 콜레주 연구지" 문고에 발표한다. 그리고 그의 많은 저술, 이를테면 《용서》, 《양심의 가책》이라든가, 특히 1948년 〈현대〉지에 실린 "명예와 존엄 속에서"와 1971년에 출간된 《용서하기?》를 한데 모은 책 《시효 없는 것》 같은 책들의 이면 곳곳에는 악의 문제가 있으며, 이 문제에 비추어서 "시효 없는 것"이라는 개념이 등장한다. 명시적이든 은밀하게든 결코 끊이지 않는 야만 행위와 잔학 행위가 있으며, 어느 경우든 그것들과 싸워야 하기 때문이다. 도덕과 참여를 통해서든, 아니면 시효 없는 것, 정의는 물론이요, 또한 기억과 명상, 추억—인식을 주고 의무를 확립하는—을 통해서든 말이다.

악에는 크게 두 가지 범주가 있다. "부조리의 악"은 "파렴치의 악"만큼 파괴적이지만, 실제로 의도한 게 아니라는 점에서 플라톤의 "누구도 자발적으로 악하지 않다"를 연상시킨다. "인간은 부조리의 희생자이기도 하지만, (…)파렴치죄의 작자이기도 하며 (…) 우리의 악의적인 행위를 통해 초시간적인 운명은 역사와 만난다"(《도덕 철학》). 잘못은 분명 존재하고, 어떤 이들은 존재론적으로 악하지만, 다른 이들은 그렇지 않다는 점에서 악은 결코 "선천적인"것이 아니고 또한 결코 우연적인 것도 아니다. 우리는 모두 악을 보유하고 있다. 그렇지만 우리 대부분은 건강한 보유자들이라고 할 수 있을 것이다. 악이 잠재되어 있지만 발현되지는 않는다. 장켈레비치는 이렇게 쓴다. "환경의 변화가 세균에 대한 우리 적응력의 균형을 깨뜨려 유기체를 무력화시킬 때 우리 안에 있는 미생물들이 악성으로 변하듯이, 우리 안에 있는 악은 과오로 인해 해롭고 위험한 것이 된다."

악의 유혹으로부터 우리 각자를 보호해 주는 것은 자기 에고에 대해 거리를 두는 것이라는 의미에서, 악에 맞서는 무기로 선善보다는 사랑이 더 낫다.

> "악이란 자신의 중요하고 소중한 일인칭, 에고의 환심을 사는 것이다. 에고는 죄의 정수로, 모든 악행을 저지르는 악자惡者요, 모든 잘못을 범하는 죄인罪人이다. (…)비겁함이든 허영이든 거짓말이든 탐욕이든, 그 원인은 언제나 어디서나 같다. 진실 쪽으로 회심하기 위한 치유책은 하나뿐이다. 자기 배꼽에 홀린 에고를 자기 자신 쪽으로 향하게 하는 에고 숭배의 경련을 멈추게 하는 것, 슬픈 모나드가 다시금 인간을 사랑하게 하는 것이다. (…)이처럼 자신을 타자에 여는 것은 자기 자신의 적敵인 자아, 자신과 분열된, 좀스럽고 쪼그라든 자아가 다시, 《공화국》에 나오는 멋진 표현대로, 그 자신의 친구φίλος ἑαυτοῦ가 되게 해준다."(《도덕 철학》)

"과오, 증오, 악행은 마음 깊은 곳에 있는 악의惡意의 세 가지 형태를 가리킨다." 달리 말해서, "악은 *이것 혹*

은 *저것*이 아니다. (…)어떤 것도 어떤 장소도 아니다. 악이라는 건 없지만, 악을 행하는 사람과 비뚤어진 의지의 성향은 존재한다." 악한 자들로부터, 그리고 우리에게도 스며들 수 있는 악에 대한 의지로부터 우리 자신을 지키기 위해서는 사랑에의 지칠 줄 모르는 참여가 필요하다. 장켈레비치가 순진한 소리를 한다고 여기지는 마시라. 그는 악의 무한성을 알고 있으며 그래서 그는 무한한 사랑의 필요성에 호소한다. 결코, 사랑이 반드시 승리한다고 믿어서가 아니라, 사랑만이 악에 맞설 수 있게 해주고 역사가 다르게 전개될 수 있다는 희망을 주기 때문이다.

# 모험

 순간瞬間과 끝없는 시작始作에 대한 위대한 사상가인 장켈레비치는 결국 모험의 사상가다. 여기서 모험이란 삶의 진정한 양식이자 시작의 예술로서의 모험이지만, 모험꾼aventurier과 모험가aventureux를 명확히 구분해서 이해할 필요가 있다. 전자가 단지 "부르주아의 게임에서 속임수를 쓰는 부르주아"(《모험, 권태, 진지함》, p. 9~10), 모험과 암거래의 전문가라면, 모험가는 그런 모험 사업가들과는 달리 초보자처럼 사심 없이 방랑하는 사람이다. 그는 미래를 "뭐라-말할-수-없는-것"(《같은 책》, p. 13)으로 보는 사람이다.

 하지만 주의하자, 모험을 가치—특히 도덕적 가치—가 있게 하는 것은 그 관대한 측면이 아니다. 마치 그것이 무엇이든 하고, 특히 아무렇게나 하는 것이라도 한 양 말이다. 그렇지 않다. 물론 모험은 게임이고—설령 그것이 권태와 이율배반적인 관계이기 때문이라 할지라도—, 모험을 규정함에 있어 이 유희적 차원은 아주 중요하지만, 그래도 그것은 분명 진지함을 지닌 게임이기도 하다(《같은 책》, p. 17). 더구나 모험에는 항상 위험이 따르기 때문에, 자신들의 모험을 진지하게 여기지 않는 사람들은 멀리까지 모험하지도 못할 것이다. 모험은 하는 척하기 위한 모험, 하찮은 기분 전환이 아니다. "모험이 있으려면, 안에 있는 동시에 바깥에 있어야 한다." 따라서 모험하지 않는 척하는 데는 금욕 같은 것, 육체적이고 정신적인 어떤 태도가 있다. 모험 정신은 위험을 안다. 미비未備해 보여도 준비가 되어 있다. 모험을 자극하는 것은 생의 약동이지만, 죽음을 만날 수도 있다. 모험이 '도덕적'인 건, 강요되지 않은 '진지함'에 부합하기 때문이다. 아무도 우리에게 모험을 강요하지 않는다. 오직 주체가 모험의 위험을 감수하기로 결심한다. 장켈레비치는 이렇게 쓴다. "한 남자가 어느 날 히말라야를 등반하기로 결심한다. 그는 그런 고통을 감수하도록 강요받지 않았다. 그는 세금을 내고, 병역을 이행하고, 직업을 가져야 한다. 그런 일들은 진지한 것이기 때문이다. 하지만 에베레스트 등반은 그렇지 않다. 아무도 그에게 그것을 강요하지 않는다"(《같은 책》, p. 20). 즉, 모험은 완전히 자유롭게 진지함을 선택하는 것이다. 경박스럽게 시작할 수도 있지만, 계속하려면 진지해져야 하고, 비극적으로 끝날 수도 있다(《같은 책》, p. 21).

장켈레비치는 암스테르담 미술관에 있는 렘브란트의 유명한 그림 〈야경〉이 모험의 기능을 이해하는 데 도움이 된다고 말한다(《같은 책》, p. 57). 캔버스가 어둠에 잠겨 있음에도 그림의 오른쪽 아래에 노란색 옷을 입은 인물이 등장한다. 바로 이런 것이 모험의 기능이다. 즉, 밤 속에서 빛을 만들어 내는 것. 장켈레비치는 이렇게 결론짓는다.

"빛의 인간, 그는 야간 순찰에 여명의 길을 가르쳐주는 시간의 원리다."(《같은 책》, p. 58)

사실 만약 시간이 불가역성(되돌릴 수 없음)에 대한 의식이요, 이와 관계된 어떤 고통 혹은 향수에 대한 의식이라면, 모험은 항상 열려 있는, 전혀 캄캄하지 않은, 어떤 행복한 불가역(되돌릴 수 없는 것), 지속하리라는 환상을 주는 시작始作들의 불가역을 가리킨다. 즉, 슬픔을 좀 더 잘 피하고, 괴로움을 흩뿌리고, 그것을 그 자리에 남겨두기 위해, 모험에서 모험으로 전전하는 것 말이다. 모험은 결코 망명이 아니라 목적지가 필요 없는 여행이요, 현재에서 일어나며, 과거나 미래 쪽으로 끊임없이 강제로 이주당하지 않는다. 우리는 현재를 마침내 진지하게 여기고, 되살아나는 신선한 과일처럼 그것을 맛본다.

# 돌이킬 수 없는 것

되돌릴 수 없음은 시간의 측도다. 항상 당장當場에 있는 시간은 뒤로 되돌아가는 것을 허용치 않고, 이미 경험한 것을 마치 없었던 듯 다시 살 수 있게 하지 않는다는 의미에서 그렇다. 세상만사가 다 지나간다. 세상만사가 다 늘 앞쪽으로 나아간다. 시간이 우리에게 반복되는 듯한 모습을 보인다면, 그것은 순수한 환상이다. 아무것도 반복되지 않으며, 만사가 다 새롭고 불가피하다. 다가오는 초秒는 피할 수 없고 간직할 수 없는, 처음이자 마지막이다. 이 되돌릴 수 없음의 차원은 실로 끔찍하지만, 이보다 더 나쁜 게 있다. 그렇다, 되돌릴 수 없는 것보다 더 나쁜 것이 바로 돌이킬 수 없는 것이다. 장켈레비치는 두 가지 대조적인 파토스가 있다고 말한다. 우선 되돌릴 수 없는 것의 파토스가 있다. "반복할 수 없고, 다시 살 수 없고, 엄밀히 말하면 다시 하기도 불가능하다는 사실이 이 파토스의 근원이다. (…)그리고 돌이킬 수 없는 것의 파토스, 즉 고치기가 불가능하다는 절망을 낳는"(《양심의 가책》, p. 90), "파기할 수 없다는 사실에 근원을 둔" 파토스가 있다. 흘러가는 시간에 대한 멜랑콜리 맞은편에, 과거에 한 일이지만 미래 전체를 지배하게 되는 일에 대한 강박관념이 있다. 우리가 두려워하는 건 죽음이 아니라 지옥이다.

양심의 가책은 도덕 철학에서 개진된 주요 주제 중 하나이며, 장켈레비치가 이 주제에 관한 책을 쓴 건 1933년이다. 이는 그가 연구한 첫 번째 철학적 개념이라 할 수 있는데, 그의 박사학위 논문 주제가 바로 이것이기 때문이다. 좀 더 긍정적으로 말하자면, 후회는 아무리 강렬한 것일지라도—그 실상이야 누가 알겠는가—주체에게 조금은 자유가 있음을 말해주는 증거다. 사실 후회를 한다면, 다른 가능성, 즉 선택하지 않은 다른 선택지가 있었다는 얘기다. 주체는 그가 한 일을 하지 않을 수도 있었을 것이다. 그런 점에서 그것은—모두가 인정하듯이—씁쓸하지만, 자유를 경험하는 하나의 방식, 자유를 증명하는 부인할 수 없는 하나의 방법이다.

기독교는 이 '돌이킬 수 없는 것'을 전적으로 자신의 철학 대상으로 삼았다. 돌이킬 수 없는 일이 저질러졌기 때문에 죄책감, 즉 인간의 죄의식이 발생한다는 의미에서, 또 파기될 수 없는 일을 저지른 데 대한 후회에 대해, 자신 안에서 어떤 도덕성, 즉 회개라는 도덕성을 발전시켜야 한다는 의미에서, 혹은 가책의 의식$_{意識}$, 이 항구적이고 의례화된 의식이 사유와 삶의 조직적 구성을 대신한다는 의미에서 그렇다. 회개(《같은 책》, p. 138)는 기술적으로는 해결할 수 없는 이 가책이라는 문제에 대해, 기독교가 고안해 낸 경이로운 "해결책"이다. 회개를 통해 인간은, 비록 죄과는 치유할 수 없어도, 그 죄과로부터 자신을 구별해 낸다. 그래서 회개는 결코 중단되어서는 안 된다. 그렇지 않으면 치유 불가능한 가책의 진실이 다시 우위를 점하게 될 것이다.

그렇다면 이는 장켈레비치의 도덕론이 회개를 요구한다는 뜻일까? 꼭 그렇지는 않지만, 그의 도덕론이 본질적으로 유대-기독교적이라는 사실은 부인하기 어렵고, 따라서, 기억, 기억해야 할 의무는 좀 더 세속화된, 좀 더 세속적인 회개의 한 형태라 할 수 있다. 대체로 가책을 인정하지 못하고, 진실한 회개는 더더욱 경험하지 못하는 데서 비롯되는 기망欺罔과는 달리, 양심의 가책은 가능한 도덕의 흔적이다. 그럴 때, 양심의 가책은 미덕이 될 수 있다. 그것은 양심의 소리를 듣게 한다. 인간은 자신의 자유와 자신의 책임을 인식한다. 물론 누구도 이미 행해진 일을 파기할 수는 없지만, 모두가 내일은 다르게 행동할 수 있다. 이미 행해진 일을 무효화하고 지우는 것이 아니라, 돌이킬 수 없는 것에 다른 무언가를 덧붙이기 때문이다. 양심의 가책이 진실하다면, 그것은 선과 속죄로 나아가는 한 걸음이다(《같은 책》, p. 267~268). 뒤늦은 양심이라도 없는 것보다는 낫고, 전혀 안 하는 것보다는 늦게라도 하는 것이 낫다는 게 장켈레비치의 결론이다. 부끄러운 양심(《같은 책》, p. 275)을 환영할 줄 알아야 한다. 그 속에 있는 선善의 흔적은 바로, 악을 저지른 그 불행의 흔적이기 때문이다.

# 지옥에서 행복한 사람

장켈레비치의 모든 도덕론과 형이상학은 삶의 근본적인 역설들에 기반을 두고 있다. 그리고 종종 그는 인상적인 예를 들어 그 역설들을 설명하는데, 그가 드는 예는 일견 사소해 보여도, 알고 보면 미묘한 그의 사유를 이해하는 데 결정적인 역할을 한다. 예를 들면 그가 즐겨 이야기하는 이 추억이 그러한데, 이는 바로 우리 자신의 추억일 수도 있고, 적어도 우리의 많은 추억과 비슷하다고 할 수 있는 추억이다. 이 추억을 통해 그는, 삶이 얼마나 비도덕적인 무한한 힘을 지녔는지를 보여줌과 동시에, 도덕이 얼마나 필요한 것인지를 보여준다. 오직 도덕만이 그 무한한 힘을 조금은 통제할 수 있기에 말이다. 또한 기쁨의 양면성도 보여준다. 모든 게 슬프고, 위험하며, 어쩌면 잔혹해질 수도 있는 상황에서, 어떻게 때때로 기쁨이, 마치 몰래 빠져나오듯이, 솟아날 수 있을까? 끝없는 시절詩節들 같은 그 순간들 속에서 말이다. 정신적 공간은 다공성이며, 잠재적 기억들은 우리에게 양가적 감정들, 과거와 현재, 작은 역사와 큰 역사와의 접촉을 가능하게 해준다. 장켈레비치의 이야기를 들어보자.

"1943년 6월 어느 화창한 날…, 툴루즈에서, 나도 그의 이름과 주소를 모르고, 그도 나에 대해 아는 게 전혀 없는 사람과 약속을 잡고서, 나는 속으로 이렇게 중얼거렸던 것 같다."

당시 장켈레비치는 레지스탕스 대원으로, 단 하루도 주의를 게을리하면 안 되었고, 종종 낯선 사람을 만나 정보를 전달하거나 받아야 했다. 특히 그런 만남을 놓쳐서는 안 되었는데, 그 이유는 이렇다.

"(…)그 지하 활동의 끈이 끊어지면 더는 다시 이을 방법이 없고, 모든 게 비밀리에 이루어지는 그런 위험한 상황에서는 사소한 오해, 사소한 부주의도 때로는 결정적인 비극적 고립을 초래할 수 있다. 하지만 그럼에도 나는 어느 순간, 이렇게 중얼거렸던 것 같다. 이 얼마나 아름다운 여름인가! 그러고는 잠시 내가 왜 여기 있는지, 무엇을 하고 있는지, 누구를 기다리고 있는지 까맣게 잊고서, 도사리고 있는 위험과 비극을 지워버리고, 하마터면 경쾌한 바람의 조언에 따라 그 맑은 6월의 날을 어느 휴가일로 착각하고, 마치 전에 살 때처럼 정원으로 산책하러 나설 뻔했다 (…). 아아, 얼마나 아름다운 여름이었던가."(《미완 속 어딘가》, p. 69~70)

이 "아아"에서 멈춰야만 할까? 아니면 쟝켈레비치처럼 이런 상황들에서, 그가 "지옥과 행동의 밤 속으로 끼어드는 행복한 추억의 설명할 수 없는 틈입"(《같은 책》, p. 70)이라고 부르는, 뭐라 말할 수 없는 뭔가를 포착할 줄 아는 철학을 만들어야 할까? 우리는 모두 이런 경험을 한 적이 있다. 우리의 의지와 무관하게, 삶이, 우아함이, 매력이, 뭐라-말할-수-없는-것이 슬그머니 끼어들고, 적과 싸워야 할 때라든가 엄청난 슬픔에 잠겨 있을 때도, 어떤 징표처럼, 희미한 빛처럼, 미소같은 휴식처럼 불쑥 솟아오른다. 어느새 희미해지는, 하지만 너무나 깊어서, 우리는 그것을 강렬하게 느낀다. 때로는 너무나 강렬해서, 곧바로 양심의 가책마저 느낀다. 환멸이 으르렁거리고 있는 때에 어떻게 감히 그런 휴식을 취하고, 그렇게 한눈을 팔고, 그런 환희를 받아들였느냐며 말이다.

이는 순수한 것과 불순한 것 같은 원리들이 그리 쉽게 풀릴 수 있는 게 아니라는 사실을 말해주는 증거다. 끊임없이 서로 뒤얽히면서 서로 간의 긴장과 대립을 일으키고, 모호성의 도덕적이고 형이상학적인 가치를 계시한다는 사실 말이다. 그렇지 않고, 모호성의 의식이 없다면, 그 의식은 "옹색한", "어리석은 의식", "깊이가 모자라는 의식", 뭐든 반만 하는, 스스로는 통찰력 있고 명쾌하다고 생각하지만 실제로는 "근시안"이고 "단견"인 의식이다(《순수한 것과 불순한 것》, p. 269). 최악의 겨울 한가운데서도 봄을 붙잡을 줄 아는 사람은 순수한 영혼을 갖는다. 그가 순수해서가 아니라, 단지 그 영혼이 뭐라-말할-수-없는-것을 포착하는, 영혼이 해야 할 일을 하기 때문이다.

# "자유는 아무것도 아니지만…
# 존재하게 될 것이다"

장켈레비치는 역설의 대가다. 그의 도덕 철학은 자유의 개념을 지극히 역설적인 방식으로 정의한다. 그가 첫 번째로 확인하는 사실은, 자유는 어떤 "상태", 우리가 소유할 수 있는 뭔가가 아니라는 의미에서, "존재하는 뭔가"가 아니라는 것이다. 그래서 장켈레비치는 자유는 아무것도 아니라고 말한다. 즉, 자유는 존재하지 않지만, 존재하게 될 것이라고(《뭐라-말할-수-없는-것과 거의-아무것도-아닌-것》, 제3권 《원願의 의지》, p. 36). 자유는 실존하지 않지만 그렇게 되어가는 것이라는 얘기다. 달리 말해서, 자유는 해방하는 것, 해방의 역학이다.

그래서 자유는 거의-아무것도-아닌-것으로 정의될 수 있는데, 물론 그렇다고 큰 차이가 나지는 않겠지만,

좀 더 속된 의식들을 뒤흔들 수는 있다. 결국, "자유로운 삶은 굴종적인 노예의 삶과 실제로는 크게 다르지 않을 수 있으나, (…)자유로운 삶에는 희망이 허용되며, 중요한 건 바로 이것이다. 사실 자유란, 허용된 희망이다"(《같은 책》, p. 37). 다시 말해서, 내가 "나의" 자유를 확인하는 것은 좀 더 특수한 어떤 결과에 의해서라기보다는 내가 움직이고 있고 그렇게 되기를 희망하기 때문이다. 중요한 것은 이 해방을 느끼고 그것에 자극받는 것이지만, 외적으로는 내가 "자유롭지" 않은 것처럼 보일 수 있다. 역으로 말하면, 기준들은 본질적으로 어떤 사회적·경제적·역사적 무대에 속하는 것들이기에, 내가 기술적으로는 자유롭지 않을 수 있지만, 나는 자유를 향해 나아가고 있기에, 나는 바로 이 "미래형未來形 모험"이기에, 내적으로는 자유로울 수 있다고 장켈레비치는 말한다.

자유는 양면성을 지닌 것이다. 왜냐하면, 장켈레비치가 보기에, 미완의 존재인 인간은 어떤 성취 욕구, 어떤 할-수-있음, 어떤 성취 의지를 표명함으로써 자신의 자유를 나타내기 때문이다. "그러므로 우리의 첫 번째 의무는 '하기faire'의 의무다"(《같은 책》, p. 41~42). 그렇다면 "의무"가 우리의 자유를 나타내게 된다는 말인가? 그렇다, 인간이 자신의 자유를 드러내 보이는 건—비록 다소 분명치 않은 형태를 취할 수 있긴 하지만—어떤 책임을 떠맡을 때이다.

> "무게 없는 짐을 내려놓을 수는 없다. 이 의무적 자유는 우리의 숙명이자 우리의 운명이며, 우리를 세계의 모든 미래에 대한 공동 책임자로 만든다."(《같은 책》, p. 45)

자유는 "사라져가는 한 점點"(《같은 책》, p. 47)이요, 한 순간이요, '할 수 있다pouvoir'와 '하고 싶다vouloir'가 일치하는 순간의 미세한 끄트머리다. 인간은 다만 그 무한히 작은 순간에만 자유롭다. 유의하자. 자유는 단순히 하고 싶어 하고 희망하는 것이 아니다. 그건 너무 환상적이고 너무 비물질적인 것일 터이다. 자유는 '하고 싶다'이자 '하다faire'이고, 그 '하고 싶다'에 시동을 걸고, 행동하고, 참여하는 것이다. 자유란 바로 현실로 구체화하는 의지력이다.

따라서 자유를 시도해 보고자 하는 사람은 누구나 그저 자유로운 사람을 쳐다만 보거나 자유에 대해 떠들고 있을 수만은 없다. 자유를 구현해야 한다. 오로지 변화 과정 속으로 뛰어들어, 세계에 참여하고, 책임을 떠안으면서 말이다. 이는 자유에 대한 아주 겸손한 정의지만, 어떠한 가식도 허용치 않는 정의이기도 하다. 장켈레비치는 베르그송과 더불어, 자유의 현상학을 이렇게 파악한다.

> "나는 내가 이런저런 방식으로 행동하리라고 추측하지만, 사실 그건 행동해 봐야만 알 수 있다. 여러 가지 망설임에 처한 나로서는 그 결말을 예상할 수 없지만, 내가 거기에 참여할 때는 그 결말이 유일하게 가능한 결말임을 알게 되리라고 예견한다. 나는 모르지만, 내가 알고 있었음을 깨닫게 되리라고 짐작한다. 요컨대 나는 자신이 모르는 것을 안다고 느끼는 사람의 모호한 상황에 놓여 있다. 자유의 느낌은 이 앎과 이 모름의 합솜과 다른 것이 아니다"(《앙리 베르그송》, p. 68)

# 폭력이라는 잘못된 해결책

장켈레비치는 악의 문제, 시효 없는 것의 문제를 사유하고, 2차 세계 대전과 독일의 프랑스 점령이라는 치욕을 고발했으며, 시종일관 용기·저항·행동을 사유한 사상가이지만, 그에 못지않게 폭력을 맹렬하게 적대시한 사상가이기도 하다. 그에게 폭력은 오직 파괴의 힘과만 동일시될 수 있는 것이다. 장켈레비치는 폭력에 대해 어떤 호의도 보이지 않으며, 폭력이 해결책이 될 수도 있지 않을까 하는 어떤 환상도 품지 않는다. 모든 폭력은 어딘가로 향한다는 환상을 주지만, 사실 폭력은 폭발하는, 분쇄하는 힘일 뿐이요, 우선, 동의 없는 거친 침투력이다. 달리 말하면, 모든 폭력은 무엇보다도 일종의 강간이다(《순수한 것과 불순한 것》, p. 182). 폭력은 결코 힘이 아니다. 힘은 방향성을 갖지만, 폭력은 형태를 산산조각내기 때문이다. 폭력은 강력한 부식腐蝕 같은 것으로, 그 마지막 대상은 자기 자신이 될 것이다. 왜냐하면 그것은 구조적으로 맹목적이요 아무것도 분별하지 않기에, 결국 자기 자신을 향하게 되기 때문이다. 폭력은 전형적인 "잘못된 해결책"이며, 자신이 제거할 거라고 믿었던 혼란을 강화하기만 할 뿐이다. 그것은 정화하는 자, 순수한 자를 자처하나, 사실은 정반대다.

> "모든 열병 상태가 그렇듯 혼란 상태로 이끄는 것이 특징인 가속과 중독 현상을 통해, 폭력은 (…)자신이 치료한다고 주장하는 불순을 배가하고 악화시킨다. 폭력은 늪에 빠진 사람과 같은 위험에 처해 있다. 허우적댈수록 더욱더 깊이 빠져든다."《같은 책》

폭력은 술에 취해 날뛰다가 깨어나, 더욱 불쌍하고 실망스럽고 공허해진 자신을 발견하는 술꾼 같다. 사실 폭력에는 내일이 없고, 분노는 다음 날을 어떻게 만들어야 할지 전혀 모른다.

폭력을 옹호하는 사람들은 종종 자신이 다른 사람들보다 더 실용적이라고 자처한다. 하지만 사실 그건 자기 자신을 속이는 짓이다. 그들은 폭력이 모든 것을 *백지화tabula rasa*하고, 새로운 것, 풍요로운 것을 나타나게 하는—오, 행복하여라—마법의 힘이라고 믿는다. 하지만 그러려면 폭력에 계획, 방향, 한계 의식이 필요할 테고, 그렇게 되면 순수한 폭력으로서의 특성을 잃게 된다.

사실, 진지함을 옹호하면 폭력을 옹호할 수 없게 된다. 진지함은 뒤를, 폭력 이후의 일을 생각하지 않을 수 없기 때문이다. 진지함은 언제나 당장에, 지금 여기에 있지만, 미래를 생각해서 행동을 세우며, 그래서 폭력이 무익하다는 것을 잘 안다.

엄밀히 말해 폭력은, 상징적 의미가 아니라 기술적 의미에서, 하나의 혁명이다. 따라서 폭력은 독직瀆職이요 기만이다. 그것은 자신이 정의의 새로운 질서라고 선전하지만, 더 정의롭다는 어떤 질서도 확립하지 않는다. 그저 가치들의 아래위를 바꾸고 뒤집어, 결국 거짓 혁명을 조직한다(《도덕 철학》).

따라서 장켈레비치의 명철한 도덕론은 폭력에 대한 매혹을 거부하는 쪽에 선다. 그는 "폭력은 나약함과 대립하는 일이 거의 없어서 나약함은 종종 폭력 외에 다른 증상이 없으며, 나약하고 난폭한, 바로 나약해서 난폭한 것"《순수한 것과 불순한 것》임을 잘 알기 때문이다.

## 참고문헌

**– 블라디미르 장켈레비치의 작품**

《앙리 베르그송》(1931), PUF, 1959.
《양심의 가책》(1933), 플라마리옹, 2019.
《아이러니》(1936), 플라마리옹, 2011.
《제1의 철학》, PUF, 1954.
《도덕 철학》, 플라마리옹, 1945~1967.
《도덕 철학 강의》, 브뤼셀 자유 대학, 1962~1963, 쇠이유.
《라벨》(1956), 알렉상드르 타로 서문, 쇠이유, 1995.
《순수한 것과 불순한 것》(1960), 플라마리옹, 1978.
《음악과 형언할 수 없는 것》(1961), 쇠이유, 1983.
《모험, 권태, 진지함》(1963), 플라마리옹, 2017.
《용서》(1967), 플라마리옹, 2019.
《덕에 관한 논고》 I: 《의도의 진지함》(1968), 플라마리옹, 1983.
《덕에 관한 논고》 II: 《덕과 사랑》(1970), 플라마리옹, 1986.
《포레와 표현할 수 없는 것》(1974), 포켓 아고라, 2019.
《되돌릴 수 없는 것과 향수》(1974), 플라마리옹, 2011.
《드뷔시와 순간의 신비》(1976), 포켓 아고라, 2020.
《도덕의 역설》, 쇠이유, 1981.

《시효 없는 것》, 쇠이유, 1986. 《용서하기?》(1971)와 "명예와 존엄 속에서"(1948년 〈현대〉)를 한데 모은 책.

《죽음》(1977), 플라마리옹, 2017.

《리스트와 랩소디. 기교에 관한 시론. 음악에서 침묵으로 V》, 플롱, 1978.

《외양의 모호성》, I: 《나타나는 것은 아무것도 아닌 것이 아니다》, 쇠이유, 1980.

《뭐라-말할-수-없는-것과 거의-아무것도-아닌-것》, I: 《양식과 기회》, 쇠이유, 1980.

《뭐라-말할-수-없는-것과 거의-아무것도-아닌-것》, II: 《몰이해. 오해》, 쇠이유, 1980.

《뭐라-말할-수-없는-것과 거의-아무것도-아닌-것》, III: 《원顯의 의지》, 쇠이유, 1980.

《미완 속 어딘가》, 갈리마르, 1987.

《저항의 정신. 미발표 텍스트 1843~1983》 알뱅 미셸, 2015.

《음악의 매혹》, 알뱅 미셸, 2017.

- 기타

〈라르크〉("블라디미르 장켈레비치"), "대담", 제75호, 1979년 2분기.

조엘 앙셀, 《블라디미르 장켈레비치, 매혹의 철학》, 마누시우스, 2013.

장-자크 뤼브리나, 《블라디미르 장켈레비치, 거장의 마지막 발자취》, 펠랭-키롱, 2009.

프랑수아즈 슈와브, 《루이 보뒥, 블라디미르 장켈레비치. 편지로 쓰인 일생》, 리아나 레비. 1998.

**옮긴이의 말**

# 장켈레비치에게 바치는 오마주

 이 책을 쓴 신티아 플뢰리는 대학의 울타리 안에서 철학을 연구하며 학생들을 가르치는 철학과 교수가 아니다. 그녀는 '예술 & 직업 콩세르바투아르'에서 미래의 엔지니어들에게, '생트-안느 병원'에서 의사들에게 철학을 강의하는 철학 선생이다. 내가 이 철학자의 이름을 처음 접한 건 앙투안 콩파뇽의 근작《문학의 쓸모》에서다. 이 책에서 콩파뇽은, 서사적 시적 역량이 모든 분야에서 수행 능력을 높여준다는 사실이 확인된 만큼, 공학이나 상업 전문대학, 법대와 의대는 물론, 은행가, 건축가, 외교관, 미용사 등, 모든 이들에게 문학을 가르쳐야 한다고 역설하면서, 철학 분야에서 바로 그렇게 활동하는 철학자의 본보기로 그녀를 거론('문학과 통계학')했다.

　국내에 처음 소개되는, 그래서 한국 독자에게는 이름이 낯설기만 한 프랑스 철학자이자 정신분석학자, 그녀는 누구인가? 나는 인터넷 자료를 검색하다가, 철학자로서나 사회 활동가로서의 그녀의 이력에 적잖이 놀랐다. 그녀는 1974년생이다. 2000년에 소르본 대학에서 철학 박사학위를 받았고, 2년 뒤인 2002년에 여러 이름난 문학상 못지않은 권위 있는 '철학상'을 만들어 보자며 그 제정을 주도하여 사무총장을 맡았다. 그리고 이듬해인 2003년부터 지금까지 계속 프랑스 일간지 〈위마니테〉에 주간 칼럼을 연재하고 있으며, 종종 라디오와 텔레비전에 출연하여 일반 대중에게 정신분석·정치·종교·상상력 등 다양한 주제에 관한 자신의 견해를 밝히고, 〈옵세르바퇴르〉〈르 몽드〉〈리베라시옹〉〈르 피가로〉 등의 일간지와 주간지에도 정기적으로 기고하고 있다. 대중 매체를 통해 철학의 대중화에 적극적으로 나서는 이 같은 노력도 놀랍지만, 왕성한 저술 활동 역시 그에 못지않게 경탄을 자아낸다.《장켈레비치와 함께하는 여름》은 이제 막 쉰을 넘긴 이 철학자의 열여섯 번째 단독 저술이다. 2000년에 첫 책 《상상력의 형이상학》을 출간한 이후 거의 해마다 한 권씩 저서를 펴냈다(16권의 단독 저술에 7권의 공동 저술이 있다). 어디 그뿐인가. 그녀는 유네스코가 후원하는 '국제 여성 철학자 네트워크'의 창립 위원이고, 유럽 정치 행동을 위한 단체인 '유로파노바'의 의장을 역임했으며, '자연과 인간을 위한 니콜라-윌로 재단'의 자문위원회 위원으로도 활동하고 있다. 2013년에 '국가 윤리 자문위원회(CCNE)' 최연소 자문 위원으로 임명되었고, '바이오테크놀로지 고등 위원회'의 과학 위원회 위원으로도 활동하고 있다. 프랑스 정부는 '국가 공로 훈장'(2014년), '레지옹 도뇌르 훈장'(2020년), '문예 공로 훈장'(2021년) 등으로 그녀의 공로를 치하했다.

문득 궁금해졌다. 이 왕성한 지적 실천적 활력은 어디에서 오는 걸까? 누가 혹은 무엇이 그녀를 철학 대중화의 일선에 서게 하고, 더 없이 적극적인 현실 참여 철학자의 길을 걷도록 이끌었을까? 철학자 신티아 플뢰리를 프랑스 대중에게 널리 알린 책은 2010년에 출간된 《용기의 종말》인 것 같다(이 책은 이듬해에 포켓북으로 재출간되었고, 2019년에는 그녀 자신의 극본으로 극화되어 파리의 스칼라 극장에서 공연되기도 했다). 이 책의 부제는 '민주주의의 미덕의 재정복'이다. 지금 우리는 "마피아와 민주주의가 공존하는 사회"에서 "덕德이 재난을 맞이한 시대"를 살고 있으며, 도덕이 없으면 용기도 없고, 용기가 없으면 진정한 민주주의도 없으니, 도덕과 용기를 되찾아야 한다고 역설한 책이다. 책의 출발점에는 용기를 잃어버렸던 그녀 자신의 과거 경험에 대한 고백이 있다. "사람들이 안경을 잃어버리듯 나는 용기를 잃어버렸다"라고, 이유도 모르는 채, 더는 아무것도 원하지 않게 되었다고 그녀는 말한다. 그 공허에서 그녀를 다시 일으켜 세운 이가 누구인가? 바로 장켈레비치다. 그녀에게 용기를 가르쳐주고, 용기와 원願의 의지를 되찾게 해준 이가 바로 그요 그의 철학이다. 《장켈레비치와 함께하는 여름》 2부의 '용기'라든가, 4부의 '원願의 의지' 같은 글은 이에 대한 내밀한 고백처럼 읽어도 무방할 것이다. 스물여덟 살에 '철학상' 제정에 발 벗고 나섰을 때부터, 아니 어쩌면 그보다 훨씬 전부터 그녀의 삶은 지금 여기에서 당장 행동에 나서도록 권하는 장켈레비치의 철학과 굳게 결속되었던 것 같다. 그녀의 삶 자체가 장켈레비치 철학의 실천적 구현인 것 같다.

그러므로 이 책은 그녀에게 용기의 길을 제시하고, 말로 하는 철학이 아니라 실천하는 철학의 길로 이끌어 준 장켈레비치에게 바치는 오마주다. 두 사람은 글쓰기마저 닮았다. 장켈레비치의 글처럼 그녀의 글도 빠르다. 독자에게 좀 더 자세한 설명, 좀 더 상세한 논증이 필요할 듯한 대목들에서도 그녀는 감속하지 않는다. 그저 쓱싹쓱싹 스케치하듯이 빠르게, 경쾌하게 그려나간다. 마치 책의 목적 자체가, 장켈레비치의 철학에 대한 자세한 논의보다는 독자의 호기심을 자극하면서 그의 철학의 매력을 부각하는 데 있는 듯하다. 더러 지나치게 비약적이고 암시적이다 싶은 대목들이 없지 않지만, 경쾌한 글의 흐름을 따라 죽 읽어나가다 보면, 점점 더 매력적으로 다가오는 장켈레비치의 철학을 좀 더 깊이 파고들고 싶은 욕구가 절로 인다.

하지만 그러고 싶어도 그럴 수 없는 현실이 유감스럽다. 국내에 번역 소개된 장켈레비치의 책이 별로 없어서다. 현재는 그의 첫 책 《앙리 베르그송》(1931)과 만년의 책《죽음》(1977/2017), 이렇게 두 권만 번역되어 있다. 언제쯤이면 우리 독자들도 그의 주저로 꼽히는 책들,《덕에 관한 논고》I(1968년)과 II(1970년), 1957년에 출간되어 1980년에 세 권으로 증보 개작된《뭐라-말할-수-없는-것과 거의-아무것도-아닌-것》I, II, III을 통독하면서 그의 철학에 깊이 빠져볼 수 있을까? 그런 날이 어서 오기를 기다리면서, 당분간은 이 작은 책, 작고 가볍다지만 간간이 우리 사고의 상투성을 깨트리며 깊은 사색에 잠기게 하는 이 책으로 아쉬움을 달래야 할 것 같다. 호기심과 갈증을 완전히 해소하기엔 턱없이 부족할 터나, 장켈레비치의 철학이 지닌 매력을 맛보기에는 충분한 책이다.

2025년 6월

김병욱

# 장켈레비치와 함께하는 여름

첫판 1쇄 펴낸날 2025년 7월 3일

지은이 | 신티아 플뢰리
옮긴이 | 김병욱
펴낸이 | 박남주
편집 | 박헌우
마케팅 | 김이준

펴낸곳 | (주)뮤진트리
출판등록 | 2007년 11월 28일 제2015-000059호
주소 | 서울시 마포구 토정로 135 (상수동) M빌딩
전화 | (02)2676-7117  팩스 | (02)2676-5261
전자우편 | geist6@hanmail.net
홈페이지 | www.mujintree.com

ⓒ 뮤진트리, 2025

ISBN 979-11-6111-149-0 04860
       979-11-6111-071-4 (세트)

* 책값은 뒤표지에 있습니다.